par Grosley

K. 1192.
8 A. 1.

OBSERVATIONS
SUR L'ITALIE
ET SUR
LES ITALIENS.
TOME PREMIER.

OBSERVATIONS
SUR L'ITALIE
ET SUR
LES ITALIENS,

Données en 1764, sous le nom de deux Gentilshommes Suédois.

NOUVELLE ÉDITION.
TOME PREMIER.

A LONDRES.

M. DCC. LXX.

> ILLUD EST
> IN COGNITIONE
> REGIONUM
> SALUBRE
> AC FRUCTIFERUM,
> OMNIS TE EXEMPLI DOCUMENTA
> INTUERI
> INDEQUE TIBI,
> TUÆQUE PATRIÆ,
> QUOD IMITERE
> CAPIAS.
>
> Tit. Liv. Init.

A MONSIEUR
LE CHEVALIER
DE MESGRIGNY,
CAPITAINE
AU RÉGIMENT DU ROI
INFANTERIE.

MONSIEUR,

A titre de voisinage & d'amitié, le sçavant Vignier dédioit à Eustache de Mesgrigny, votre quatriéme Ayeul, son Traité sur l'Origine des François : agréez, aux mêmes titres, mes

a iij

ÉPITRE

Observations sur l'Italie & sur les Italiens.

Si ces Observations *ne peuvent soutenir de comparaison avec un Traité où des connoissances aussi vastes que rares, sont éclairées par la plus judicieuse critique; si, à tous égards, votre ami est très-inférieur à l'ami de votre quatriéme Ayeul; au moins observera-t-il, en s'écartant au plus loin du ton des Epîtres Dédicatoires, que les travaux qui depuis dix années, exercent votre jeunesse, dans le service de terre & de mer, n'ont point encore acquis l'importance & l'éclat qui illustrèrent les services d'*EUSTACHE DE MESGRIGNY.

Chef de la Justice dans la Capitale d'une des premieres Provinces du Royaume, Procureur Général du Parlement séant à Chaalons, il figura parmi les Capitaines de Henri IV. On le vit à la tête de six mille hommes d'élite que ce Prince lui avoit confiés, entrer par la bréche & arborer l'Echarpe blanche dans une Ville alors plus docile à la voix de ses Prêtres, qu'à celle de son Roi, le meilleur & le plus grand des Rois.

Rivaux des anciens Romains, ces vieux serviteurs de la Maison de Bourbon étoient également avides & capables de tous les genres de gloire que la mollesse de nos mœurs a décidés incompatibles : tandis qu'Eustache de Mesgrigny, Procureur Général du Parlement, marchoit à la tête d'un détachement de l'armée de Henri IV, le grand Maréchal de Biron remplissoit auprès de ce Prince, les fonctions de Chancelier.

ÉPITRE

En attendant que parvenu au dégré de gloire où vous appelle l'exemple de vos Ayeux, vous puissiez entrer en comparaison avec Eustache de Mesgrigny; *je me hâte d'en user avec vous comme Vignier en usoit avec lui, en décorant de votre nom, le Frontispice de cette seconde Edition de mes Observations.*

Vous aviez préludé par leur lecture, au voyage que vous venez de terminer; elles vous y ont accompagné: elles vous remettront sous les yeux une partie des détails de ce voyage d'autant plus agréable qu'il vous a tenu lieu de caravanes: elles vous rappelleront les bontés & l'amitié du Prince-Général, qui vous avoit choisi pour Patron de sa Capitane; les Italiens qui vous ont

DÉDICATOIRE.

apperçu sous les traits dont le Tasse a formé le portrait de son Renaud ; les Italiennes qui, dans ces mêmes parages que parcouroit Télémaque, vous ont vû de l'œil dont les Nymphes de Calypso voyoient ce jeune Héros ; les fêtes qu'à l'envi, Naples, Rome, Florence, Livourne sembloient avoir préparées pour vous recevoir ; enfin les leçons de goût, de raison, de bienfaisance qu'au milieu de ces fêtes, vous trouviez dans les lumières, dans l'amitié & dans l'exemple du Commandeur de Dampierre.

Quels fruits ces leçons ne produiront-elles pas dans un esprit & dans une ame aussi heureusement préparés ! Après avoir fait le bonheur & le plus solide agrément de tous les périodes de votre vie, ces fruits vous offriront pour le dernier de ces périodes, une reſſource plus certaine & plus abondante que toutes les Commanderies. Qui ne ſçait pas trouver le repos en ſoi-même, diſoit le Duc de la Rochefoucauld, en vain le cherche-t-il ailleurs.

Si j'euſſe voulu approfondir & décrire, c'eſt-à-dire, compiler tous les Cicérons imprimés qui rempliſſent l'Italie, j'aurois pû, ſans ſortir de France, fagotter une douzaine de Volumes, qui, ne réuniſſant pas encore tout ce qu'offrent ces Cicérons, n'auroient été pour les Voyageurs, qu'une ſurérogation de dépenſe & d'ennui. Pour leur ſatisfaction & pour la mienne, je me ſuis borné aux objets ou qui étoient échappés aux précédentes Relations, ou qui pouvoient être con-

DÉDICATOIRE.

sidérés sous d'autres faces & sous de nouveaux points de vûe.

Si une lecture suivie de ces Observations entroit jamais dans le plan de vos études ou de vos amusemens, avant que de vous y livrer, je vous prie de corriger, d'après l'Errata de chaque Volume, les corrections hasardées par un galant homme, qui, rempli des meilleures intentions, en a usé avec moi comme l'Ours de la Fontaine avec l'Amateur des Jardins.

On s'étoit plaint des citations que je me suis permises. Elles sont le fruit de la lecture que j'ai faite à mon retour d'Italie, des Auteurs Latins, y compris Polybe & Plutarque, & de l'intérêt qu'a jetté dans cette lecture, la connoissance que je venois d'acquérir des lieux où ces Auteurs ont écrit, & de ceux qui furent le théâtre des faits & des événemens dont ils parlent : découvrir la source de ces citations, c'est les justifier.

Je finis en vous invitant à jouir avec moi, de la fermentation que renouvellera sans doute cette nouvelle Edition, parmi les Beaux-Esprits de notre bonne Ville.

Je suis avec l'attachement le plus vrai,

MONSIEUR LE CHEVALIER,

A Troyes, ce 1 Avril 1770.

Votre très-humble & obéissant Serviteur,
GROSLEY.

AVIS
DU LIBRAIRE.

CES *OBSERVATIONS SUR L'ITALIE*, rédigées en 1759 & 1760, ont paru pour la premiere fois en 1764 sous le nom de deux Gentilshommes Suédois. Cette nouvelle Edition, plus étendue, offre en François les passages Latins & Italiens qui coupent le texte de celle de 1764.

Je devois cette nouvelle disposition à une partie du Public qui a bien voulu s'intéresser à cet Ouvrage. Les passages conservés ont été rejettés au bas des pages : on n'a retenu dans le texte que ceux qui s'y trouvent liés par quelqu'allusion : ils sont très-courts & en fort petit nombre. Le premier arrangement avoit été décidé par la difficulté de présenter aux gens de Lettres de justes équivalens.

Quant aux négligences & aux fautes de style, le Lecteur bénévole en pensera ce que pensoit le vieux Caton des incongruités qui se passoient autour de lui, lorsqu'il prenoit les auspices dans sa maison *.

Je termine cet Avis en remerciant les Italiens de la manière infiniment obligeante dont eux, leurs Journaux & quelques Ouvrages Italiens imprimés depuis 1764, ont accueilli la premiere Edition de ces OBSERVATIONS. L'Auteur en est aussi flatté que reconnoissant.

―――――――――

* Voyez les Mémoires de l'Académie de Troyes, *pag.* 16, *premiere Edition.* Voyez aussi le pénultiéme des trente trois Chapitres que doit mettre incessamment sous presse un de Messieurs les Censeurs Royaux, homme aussi recommandable par la justesse de son esprit, que par l'étendue de ses connoissances.

EXTRAIT

Du Journal Encyclopédique,

JANVIER 1770, *page* 145.

NEW *Obſervations on Italy, &c.* c'eſt-à-dire, *Nouvelles Obſervations ſur l'Italie & ſur ſes Habitans, écrites en François par deux Gentilshommes Suédois, & traduites en Anglois,* par M. Thom. Nugent, Membre de la Société des Antiquaires. A Londres, chez Davis & Reymers, 1769. Cet Ouvrage, connu & eſtimé en France, méritoit d'être traduit en Angleterre; mais l'Auteur de ces bonnes Obſervations, (M. Groſley), ne s'attendoit ſûrement pas aux réflexions du Traducteur, au ſujet de l'Anonyme ſous lequel cet Ouvrage a paru. » M. Groſley, dit fort
» mal-à-propos le Traducteur, s'eſt
» couvert du voile de l'Anonyme
» pour trois raiſons; 1°. Parce que
» c'eſt un préjugé commun en Fran-
» ce, que les Étrangers obſervent
» mieux dans leurs voyages que les

» François. 2°. Parce qu'il parle
» trop librement de sa patrie. 3°.
» Parce qu'il se permet des ré-
» flexions licentieuses sur la Reli-
» gion. «

Ces trois observations sont fauſ-
ses à tous égards, & démenties par
l'Ouvrage même de M. Grosley.
Les François instruits sont tout auſſi
bons Observateurs que les Italiens,
les Anglois, les Suédois, &c. M.
Grosley n'a parlé de sa patrie qu'en
excellent Citoyen, & de la Religion qu'en homme respectable dans
ses sentimens. Il a gardé par mo-
destie l'Anonyme, & ceux qui ont
lu son Ouvrage trouveront plus
qu'étranges les singulieres opinions
du Traducteur, qui du reste a bien
rempli sa tâche.

SOMMAIRE
DES CONSIDÉRATIONS
ET
DISCUSSIONS INCIDENTES

Répandues parmi les Observations sur l'Italie & sur les Italiens.

TOPOGRAPHIE.

Sur le lieu du passage d'Annibal par les Alpes, Tome I. page 40.
Sur le lieu où mourut Charles le Chauve, II. 54.
Sur le lieu de la bataille de la Trébie, II. 168.
Sur l'état primitif de la Palestine, II. 419.
Sur le Timarus de Virgile, II. 114.

CHRONOLOGIE.

Sur la date d'un Tableau du Guide, II. 232.
Sur l'époque de la renaissance de la Peinture en Italie, II. 165.

Sur l'époque de l'établissement de la Santa Casa à Lorette, II. 196 & 200.

ARTS, SCIENCES ET BELLES-LETTRES.

Sur la fayancerie d'Urbin, II. 217.
Sur les anciens égoûts de Rome, II. 273. III. 241.
Sur la Chapelle de Sainte Constance, II. 286.
Sur la bataille d'Arbelles, peinte par Pierre de Cortonne & par le Brun, III. 102.
Sur les premiers Astronomes d'Italie, III. 349, 415.
Sur les bâtimens des Bénédictins, I. 116.
Sur la patine du bronze, I. 180.
Sur les marbres des bâtimens de Pise, IV. 5.
Sur l'usage de la brique, I. 228.
Sur le tombeau de Théodoric, I. 362.
Sur l'arc d'Ancône, II. 187.
Sur le mausolée d'Auguste, II. 259.
Sur les antiques, II. 293.
Sur l'art de la Fonderie, II. 306.
Sur la voie Appienne, III. 310.
Sur les formes des vases antiques, II. 310.

SOMMAIRE.

Sur le style poissard, I. 204. III. 293.
Sur la Musique, I. 60. III. 368.
Sur Saint Pétrone de Bologne, confondu avec Petronius Arbiter, I. 218.
Sur les Patrons & les Protecteurs, III. 120, 368.
Sur les persécutions qui suivent les talens, I. 238; sur celles qu'essuya Galilée, II. 132, 371.
Sur Cassiodore, I. 355.
Sur l'abus de l'esprit, II. 51.
Sur la prononciation Toscane, III. 419.
Sur la liberté des yeux & des oreilles en Italie, II. 147. III. 4. 8. 365.
Sur la forme des Leçons publiques en Italie, IV. 8.
Sur les Prédicateurs, II. 49, 225. III. 30.
Sur la Taxa Cameræ Apostolicæ, II. 353.
Sur les Improvisateurs, III. 144.
Sur la cinquiéme Satyre du premier Livre d'Horace, III. 291.
Sur la mode, III. 363.

LÉGISLATION, JURISPRUDENCE, &c.

Sur les minutes des Notaires, I. 75.

SOMMAIRE.

Sur les substitutions, I. 84. II. 412.
Sur les nouveaux Codes de Loix, I. 137.
Sur l'égalité de partage, I. 186.
Sur l'arrondissement des possessions, I. 200.
Sur les banqueroutes, II. 173.
Sur le Droit Normand établi à Naples, III. 273.

MORALE.

Sur la galanterie, I. 81. II. 14. III. 64.
Sur l'éducation, II. 57, 533.
Sur les canonisations, II. 159. III. 42.
Sur les projets des Papes pour la perpétuité de leur nom, II. 408.
Sur le bonheur des Moines, III. 10.
Sur les ruines de quelques Villes, III. 160.

POLITIQUE.

Sur l'état de la Lombardie I. 96, 141, 200, 212.
Sur les causes de la population, I. 105. II. 109, 244. III. 196.

SOMMAIRE.

Sur la Finance, III. 428.

Sur le motif qui détermina les Papes à choisir Bologne pour leurs entrevues avec Charles V. & François I, I. 21, 215.

Sur les différens partis que prirent dans le neuviéme siécle les Italiens & les François, I. 248.

Sur les Geniali, I. 271, 369, II. 388.

Sur la cultivation, II. 273. III. 164.

Sur les Colonies, I. 383.

Sur les causes & les effets de la fainéantise, I. 385. II. 363.

Sur les monts de piété, II. 380.

Sur les Castrats, III. 60, 427.

Sur les Auteurs des plus importantes découvertes, III. 210.

Sur le Gouvernement Papal, II. 329, 385, 398.

Sur les prétentions des Papes aux Etats de Parme, I. 174.

―― *Au Duché de Ferrare*, I. 389.

Sur leurs démêlés avec Venise, II. 32.

―― *Avec Naples*, III. 211.

Sur la mort du jeune Conradin, Roi de Naples, III. 230.

Sur l'absolution de Henri IV. par Clément VII, II. 424.

SOMMAIRE.

Sur l'entrevue de l'Empereur Fréderic & d'Alexandre III. II. 80.

Sur les ressorts du fanatisme politique ou religieux, II. 392.

Sur l'alliance du Commerce & de la Noblesse, I. 145. II. 98, 783. III. 283, 299.

Sur le choix des Ministres & Ambassadeurs à Rome, II. 417 & suiv.

PHYSIQUE ET HISTOIRE NATURELLE.

Sur les corps conservés en chair & en os, II. 231.

Sur l'Intempérie de Rome & ses causes, II. 234.

Sur un Baumier à Tivoli, II. 326.

Sur l'émeraude, II. 318. IV. 49.

Sur le Laurier de Virgile, III. 138.

Sur les liquéfactions miraculeuses, III. 264.

Sur la différence de climat entre la Toscane & l'Etat Ecclésiastique, III. 332.

ERRATA du premier Volume.

Page 4 lig. pénult. *eff.* pour ainsi dire, être.

33 seconde note, *lis.* m'écrivoit.

77 lig. 2 & 3 dans le pays, *lis.* en Italie.

84 lig. 14, *lis.* au climat.

97 lig. pénult. *eff.* plusieurs.

118 lig. 18, *lis.* de monumens.

128 lig. 18, *eff.* lequel est.

133 lig. 25, *eff.* purement honorables.

165 lig. pénult. *lis.* à notre Avocat.

166 lig. 13, *eff.* ensuite.

derniere, *eff.* étant arrivés.

167 lig. derniere, *eff.* à ce sujet.

175 lig. 4, *eff.* qui dit.

179 lig. 3, *lis.* les études de cet art où.

188 lig. derniere, *eff.* qu'il y a.

209 lig. 14, *eff.* encore.

232 lig. 9, *eff.* qui composent; *lis.* en.

lig. 19, *eff.* présentement.

239 lig. 6, *lis.* dans la profession de Tailleur d'habits.

242 lig. 12, *eff.* pour ainsi dire.

Pag. 247 *au Titre*, *eff.* le récrit qui en dépend.

250 *lig.* 1, *lif.* Strabon dit que.
263 *lig.* 10, *eff.* nommée.
281 *lig* 12, *eff.* qui font.
289 *lig.* 16, *eff.* cependant.
290 *lig.* 12, *lif.* les Lombards se vengeoient.
    lig. 15, *eff.* car ils étendirent, &c. *lif.* Rome elle-même.
291 *lig.* 4, *eff.* selon ce qu'en dit.
296 *lig.* 23 *lif.* nous verrions.
298 *lig.* 9, *lif.* des allusions.
304 *lig.* 2, *eff.* encore.
314 *lig.* 22, *eff.* assez.
330 *lig.* 2, *lif.* apporté la mode.
349 *lig.* 5 *du second alinea*, *lif.* Césénate.
350 *lig.* 1, *lif.* suivant Strabon, Ravenne.
385 *lig.* 1, *eff.* mais.
386 *lig.* 1, *lif.* du luxe desquels les aumônes font partie.
396 *lig.* 8 & 9, *eff.* d'avoir donné la naissance & encore.
403 *lig.* 13, *eff.* lequel étoit un.

OBSERVATIONS

OBSERVATIONS
SUR L'ITALIE,
ET SUR
LES ITALIENS.

APRÈS trois années passées à Paris, avec tout l'agrément qu'y trouvent les Etrangers, nous partîmes pour l'Italie vers le milieu de l'année 1758.

Le hasard nous servit très-bien dans le choix de cette année. Les chaleurs de l'Eté furent modérées & fort supportables, l'arrière-saison fut très-belle, & l'Hyver eut en Italie la température d'un beau Printems de la France. Comme la Fortune ne fait rien à demi pour ceux qu'elle veut favoriser, nous n'eûmes pas en route une goutte de pluie; quoique la considération du beau & du mauvais temps n'entrât jamais dans nos arrangemens pour les séjours & pour les départs.

Plusieurs personnes de la première considération avoient joint des Lettres de recommandation à celles que nous avoient donné des Artistes & des Négocians en correspondance avec les meilleures Villes d'Italie : nous devons les agrémens de notre voyage & les études que nous y avons pu faire, à ces Lettres qui nous ont ouvert les palais des Grands, les atteliers des Artistes, & les premières maisons de banque & de commerce.

Ce secours nous étoit d'autant plus essentiel, que, dans notre séjour à Paris, nous avions un peu pris l'air françois, c'est-à-dire, l'air le moins bon à porter en Italie : non que les Italiens ayent conservé un sentiment bien vif des maux que se font faits les deux Nations; mais ils redoutent la légereté du François : sa frivolité contraste trop avec leur flegme ; & le ton d'aisance qu'il acquiert de jour en jour, s'allie mal avec leur scrupuleuse exactitude pour toutes les bienséances. Enfin l'Italie est infestée d'Aventuriers françois, qui subsistent & brillent même quelquefois aux dépens de ceux qui veulent bien être leurs dupes. Ainsi pour un François & pour tout homme qui en a l'air, l'Italie est comme un pays ennemi dont toutes les avenues sont fermées & tous les postes exactement gardés. Il faut établir d'abord qu'on n'est pas un Aventurier, laisser entrevoir ensuite que la légereté de l'air & du ton n'exclut pas toujours la solidité du caractère; enfin, avec les meilleures recommandations, il faut se déterminer à subir un examen plus ou moins long, & dans lequel il entre autant de politesse que de réserve. Lorsqu'il est favorable, l'amitié en est le fruit : amitié qui a pour base de la part des Italiens, cette même légereté qu'ils chérissent, dès qu'ils croyent n'avoir rien en redouter : amitié qui met bientôt dans le commerce autant de chaleur que l'on avoit trouvé de froid

A ij

& de glace dans le début. Cela foit dit, & pour juftifier les Italiens & pour préparer les François à un préalable auffi éloigné de leurs mœurs que peu agréable; mais fans lequel ils ne voyent les Italiens, que comme on voit leurs tableaux & leurs ftatues.

Nous partîmes de Paris le 20 Mai, & allâmes à Lyon par Troyes & Dijon, & de Lyon à Turin par Genève, la Savoie & le Mont Cénis, en proportionnant nos féjours à l'importance des lieux qui s'offroient fur notre route. Nous fommes revenus à Paris par Bordeaux: ainfi notre voyage a embraffé une partie de la France, fur laquelle nous ne donnerons nos Obfervations que dans le cas où elles feroient défirées par les perfonnes très-refpectables à qui nous n'avons pu refufer nos Obfervations fur l'Italie.

La France en eft féparée par une chaîne de montagnes qui femblent, pour ainfi dire, être difpofées pour intercepter toute communication

SUR L'ITALIE.

entre les deux plus belles contrées de l'Europe.

Au milieu de l'horreur de ces montagnes, la Nature offre au Physicien le spectacle le plus intéressant & le plus piquant pour un œil éclairé; au Peintre, les sites les plus bisarres & les masses le plus singulièrement contrastées ; au simple Voyageur, des points de vue variés à chaque pas, des terrasses dont les plans réunissent sous un même coup d'œil les quatre saisons de l'année, des cascades qui surpassent tout ce que l'imagination peut se figurer en ce genre ; en un mot, toutes les merveilles que l'art s'est inutilement efforcé de transporter dans les jardins & sous les yeux des Souverains. Cependant il est impossible à gens nés & élevés dans des pays de plaine, de se défendre de l'impression de tristesse que porte dans leurs ames, la sombre horreur de ce grand spectacle : ils ne peuvent imaginer que des créatures de leur espèce puissent supporter la vie dans un pays aussi disgracié & qui leur paroît à peine ébauché. En vain le

A iij

Naturaliste leur dit-il avec transport, que ce pays est le Laboratoire de la Nature : *Voudriez-vous*, lui répondent-ils, *passer votre vie dans un Laboratoire ?*

Sur ce triste pays regne le Roi de Sardaigne, Duc de Savoie, dont Virgile semble avoir voulu peindre l'Empire dans la description de celui d'Éole. Eu égard à la nature de son territoire, Nantua peut en être regardée comme la première place.

NANTUA.

Cette petite Ville, qui chausse toute la Savoie, & où l'on ne trouve que des Cordonniers, s'est formée sous les murs & sous la protection de l'Abbaye de Nantua, fondée sous la première Race des Rois de France, par Saint Amand, Instituteur d'une célèbre Abbaye de Flandre, à laquelle il a donné son nom. Ces deux Abbayes ont, sur ses Reliques, les mêmes prétentions que l'Abbaye du Mont Cassin en Italie, & celle de Saint Benoît-sur-Loire en France, sur les Reliques du Patriarche des Bénédictins. L'Abbaye de Nantua, très-riche dans son origine, a perdu la plus grande partie de ses biens: les Seigneurs en ont envahi ce qu'ils ont pu dans des temps d'anarchie, par droit de convenance, & quelquefois à force ouverte: elle a même eu des siéges à soutenir contre les Sires de Thoire & de Villars. Les Comtes de Savoie se sont emparés d'une autre

NANTUA.

partie, à titre de garde & de protection. Au moyen de ces pertes, l'Abbaye de Nantua ne se trouvant plus en état d'en soutenir le titre, est devenue un simple Prieuré dépendant de Cluny.

Ses bâtimens n'offrent que des restes informes du plus lourd gothique. La Maison, composée d'un Sous-Prieur, de deux Moines & de quelques Novices, le tout vêtu à la séculière, s'est maintenue à l'abri de la Réforme. Nous voulûmes sçavoir du Sous-Prieur si son Eglise possédoit le corps ou quelques monumens de Charles le Chauve, mort dans le passage du Mont Cénis, & déposé à Nantua. Nos questions auprès de lui & nos recherches dans l'Eglise furent également inutiles & infructueuses.

Ce Monastère & la Ville qui en dépend, occupent un cul-de-sac formé par de très-hautes montagnes; il s'ouvre au Nord, où il est presque exactement fermé par un beau Lac très-poissonneux, qui reçoit une petite rivière. Cette rivière traverse la Ville & les cours du Monaſtère. Avant que d'arriver à la Ville, on rencontre une croupe de montagne eſcarpée qui, détournant le chemin, s'avance ſur la tête du Lac. Cette croupe porte un moulin qu'abreuve la petite rivière. Il a ſa décharge dans un pertuis qui jette les eaux ſuperflues par la partie eſcarpée de cette montagne, dont la maſſe détourne le chemin. Ces eaux, dans leur chûte, forment une caſcade de vingt à trente pieds de haut en girandole exactement arrondie. Les eaux jouoient lorſque nous arrivâmes à Nantua ; leur poſition, celle des rochers qui leur ſervent de fond, la vûe du Lac & des montagnes qui l'enveloppent, le Soleil éclairant de biais toute cette ſcène, nous donnèrent un ſpectacle qui fixa très-agréablement nos regards & notre attention.

Les maiſons de Nantua ſont bâties de bois avec des toits très-plats & extrêmement avancés ſur la rue. Chaque étage excéde l'un ſur l'autre. Cette conſtruction, qui ne paroît que ridicule à ceux qui ignorent que les villes doivent être faites pour

NANTUA. les habitans, a sa raison & sa nécessité dans les neiges qui couvrent Nantua une partie de l'année : le vent du Nord les entasse sur les maisons; il s'en détache aussi de la montagne, des masses que l'inclinaison presque horisontale & la saillie des toits portent au milieu de la rue, les entrées des maisons & leurs communications demeurant toujours libres.

Ce pays n'a qu'un rapport de nom avec les *Nantuates*, Peuples de la Suisse, dont parlent César & Pline. Ces anciens Nantuates occupoient le Valais & le Chablais.

On trouve dans la Savoie, dans la Suisse & dans toutes les Alpes, plusieurs Lacs plus ou moins étendus que celui de Nantua. A juger de l'origine de ces Lacs par leur position la plus générale, ils paroissent avoir été formés par la chûte des flots, qui, lorsque la terre sortit des eaux, se précipitoient des montagnes au pied desquelles ils sont tous creusés. Vers la fin de l'inondation universelle, ils étoient ce que sont dans nos rivières les bassins qui reçoivent l'eau à sa chûte des vanna- ges & des pertuis : l'eau, en creu- sant ces bassins, les ferma en quel- que façon par les corps qu'elle dé- tachoit du fond, & qui s'amon- celoient en forme de barre ou de banc.

Entre Nantua & Genêve, on voit au pied du Mont Crédo, une autre merveille naturelle. Le Rhône, après avoir passé sous le fort de l'Ecluse & sous le pont de Grésin, s'engouf- fre dans des rochers qu'il a limés, pour ainsi dire, se perd sous terre, & reparoît à cent pas de-là. Après cet engouffrement, il est joint par une rivière dont je ne pus apprendre le nom, & que l'on traverse au pont de Bellegarde : les eaux de cette ri- vière sont de même que celles du Rhône, d'un bleu-noir, & couver- tes d'écume. Elle s'est aussi ouvert un passage très-étroit à travers des rochers qu'elle a insensiblement ron- gés, & dont les surfaces correspon- dantes présentent des formes d'ou- tres ou de grosses marmites parfai- tement arrondies, ensorte que le renflement de l'une se rencontre vis-à-vis l'intervalle de deux autres. Rien de plus désagréable que le bruit des eaux comprimées par ces marmites : c'est vraiment le *ferri stridor*, ou le grincement d'une lime sur une scie.

Avant que ces rochers fussent ainsi excavés, avant que le Rhône se fut ouvert le gouffre où il se précipite, ses eaux soutenues par le terrein sous lequel il passe aujourd'hui, formoient sans doute un Lac entre les montagnes de la France & celles de la Savoie. Ces masses paroissent respectivement disposées pour former un bassin propre à contenir les eaux, à quelque hauteur qu'elles se fussent élevées.

Nous eûmes, pour observer ce pays, plus de commodité que nous n'en désirions. En montant le Crédo, avec le secours de deux paires de bœufs, une soupente de notre chaise cassa du côté précisément du précipice continu que l'on cotoye, & nous fîmes une demi-journée à pied.

Nous arrivâmes à Genève le 12 Juin. Assez près de cette Ville, nous vîmes la porte d'un beau Jardin s'ouvrir : il en fortit une chaife très-étoffée, & nous eûmes l'apparition de deux Jéfuites qui la rempliffoient. Nous fçumes depuis que ce Jardin n'étoit autre chofe que les *Délices* de M. de Voltaire ; que les Jéfuites ont fur la dernière ligne qui fépare le pays de Gex de Genêve, une maifon ou hofpice, & que ces Peres fraternifoient avec M. de Voltaire. Il fallut toutes ces explications pour nous familiarifer avec leur apparition fous le canon de Genêve. On nous apprit même que ces Peres n'étoient point abfolument étrangers à Genêve, depuis qu'ils s'y peuvent montrer publiquement, fous la qualité d'Aumôniers du Réfident de France.

GENEVE.

CETTE Ville est remarquable par sa situation, par son indépendance, par sa Religion, par son commerce : elle n'occupoit autrefois que la montagne qui est comme la clef du Lac Léman, dans l'endroit où le Rhône débouche de ce Lac; & ce fleuve formoit une de ses principales défenses : peu-à-peu elle est descendue dans la plaine, ainsi qu'une partie des Villes anciennes bâties sur des montagnes, & elle embrasse aujourd'hui dans son enceinte le débouquement du Rhône. Sa première position lui procuroit la salubrité de l'air, & la vûe de tout le Lac qu'elle dominoit, sans la priver d'aucun des avantages qu'elle tire de ce Lac, soit pour les besoins de la vie, soit pour la commodité du commerce. En descendant dans la plaine, elle a perdu la défense qu'elle avoit dans le Rhône; elle s'est jettée dans les brouillards & dans les vapeurs qui s'élevent continuellement du Lac ; & la promenade du *Plain-Palais* qu'elle s'est procurée, ne l'indemnise point de la perte de la promenade de la *Plateforme*.

Ses fortifications, dans la partie où elles ne sont point achevées, bonnes contre un coup de main, soutiendroient mal un siége en forme. J'imaginois qu'elle se gardoit elle-même, & je vis avec surprise qu'elle avoit une garnison formée de Soldats étrangers : il y a seulement aux corps-de-garde des portes, quelques gens de la République, chargés de l'examen des passeports des étrangers qui s'y présentent ; mais je doute qu'en cas d'attaque, ils fussent d'une grande ressource pour la main ou pour le conseil.

Le Temple de Saint Pierre fut la Cathédrale de Genêve, jusqu'à la révolution de 1535, & il est dans le goût des Cathédrales élevées en France dans les quatorze & quinziéme siécles : il a un portail nouvellement élevé sur les desseins d'un Genevois qui a sçu y allier la majesté, la grandeur & la simplicité; c'est un portique d'ordre corinthien, soutenu par des colonnes d'une très-grande proportion. La scrupuleuse révérence du Consistoire pour le premier commandement du Décalogue, n'a pas permis à l'Architecte le moindre ornement historié pour le timpan du fronton qui couronne ce portique. C'est cette religieuse aversion pour les *images taillées*, qui tient sous la clef & dans une étroite prison le beau Mausolée du fameux Duc de Rohan : les orgues, qu'on s'est enfin permises, sont l'effet d'un relâchement dont le Duc de Rohan pourroit profiter pour acquérir sa liberté. Dans la partie du Temple qui formoit le sanctuaire de la Cathédrale, existe encore le thrône épiscopal, chargé de sculptures & de bas-reliefs du quinziéme siécle ; sculptures à demi enlevées à coups de doloire & de hache : il étoit très-possible de les effacer entièrement en y passant le rabot ; peut-être veut-on qu'ils subsistent comme un monument du zèle des anciens Genevois.

Ce zèle, un peu rallenti, regne toujours à Genêve, au moins dans le Confiftoire; & il en réfulte une Religion* moins faite pour le Peuple que pour des Philofophes qui s'y confacreroient par choix. A bien des égards, on peut affimiler cette Religion aux Inftituts des Sabins, dans lefquels le Roi Numa avoit été élevé: Inftituts que Tite-Live appelle *difciplinam triftem & tetricam Sabinorum*.

Ce n'eft pas que la doctrine de Calvin fe foit confervée à Genêve dans toute fa *tétricité:* l'Arminianifme l'a beaucoup adoucie, & les informations que j'ai prifes ne m'ont rien appris qui détruife l'allégué de l'Encyclopédie fur des points plus importans & plus capitaux. Il m'a paru que les Théologiens de France n'avoient pas voulu tirer de cet allégué, l'avantage qu'il fembloit leur offrir. En effet, au lieu de fe joindre au Confiftoire de Genêve pour crier à la calomnie contre

GENÊVE.

---

* Une Religion purement intellectuelle, dit M. Pafcal, n'eft point faite pour le Peuple.

M. d'Alembert, ils auroient dû plutôt ouvrir leurs vieux Controversistes, y voir à chaque page que tôt ou tard le Calvinisme conduiroit ses Sectateurs au Déïsme, & louer le Seigneur du bon train que prend cette prophétie.

Je ne prétends pas dire que le Consistoire de Genêve ait unanimement & ouvertement adopté le Socinianisme : il a encore quelques vieux Ministres attachés aux anciennes formes ; mais ces vieux Ministres ne sont plus de mode, même pour le Peuple, & leurs prêches sont à-peu-près déserts *. L'instruction particulière permet, sur la révélation, sur le péché originel, sur les peines & les récompenses de l'autre vie, certaines libertés que l'instruction publique ne combat ni ne détruit point.

Au reste, Genêve a de grands secours pour l'instruction de la jeunesse. La Bibliothéque publique a tiré parti des ressources que lui indiquoit Misson pour son améliora-

---

* *Sunt littus & solitudo mera.*

tion : elle s'est considérablement augmentée, & les soins de M. Jallabert, qui en a eu long-temps la direction, l'ont accrue d'un Cabinet d'Antiquités & d'Histoire naturelle. Lorsque nous passâmes à Genêve, un de Messieurs Lullin venoit de remplacer, dans cette direction, M. Jallabert, devenu Conseiller d'Etat.

Le Collége est dans un état très-brillant, moins par les secours pécuniaires de l'Etat, que par le zèle de Professeurs attachés de pere en fils à ce Collége, d'où ils passent communément dans le Conseil de la République : peres de famille eux-mêmes, ils trouvent dans leur coeur la mesure & de l'indulgence que permet l'éducation, & de la sévérité qu'elle exige. L'émulation y est excitée par des prix que la République distribue elle-même avec le plus grand appareil, sur des examens rigoureux & au-dessus du soupçon même de partialité : ces prix sont des médailles d'argent. Lorsqu'un enfant en a obtenu un, tous les parens lui font présent de ceux qu'ils ont eus dans la même classe; & ces présens lui forment un médaillier qui est un gage, envers sa famille, de son application & de la continuité de ses succès. Le premier prix est pour l'écriture ; ce que je n'ai vu pratiquer que là : le thême le plus mal fait, mais le mieux écrit, emporte ce premier prix.

Genêve doit à Calvin une partie de ses Loix politiques. Comme il se défioit de l'esprit de domination, même dans le Clergé qu'il venoit de se former, il a établi que le Consistoire ne pourroit prendre aucune résolution, dans certains cas, que conjointement avec un certain nombre de Magistrats, & que ses assemblées & ses délibérations se tiendroient en lieu accessible & ouvert à tout le monde.

Les Loix somptuaires s'observent avec toute la ponctualité nécessaire dans un petit État qui ne subsiste que par l'industrie des Citoyens. J'ai été étonné que ces Loix eussent permis les édifices somptueux récemment élevés par quelques particuliers sur une des promenades : ces édifices rompent l'égalité qui doit être le premier objet des Loix somptuaires.

Celles qui veillent sur l'honnêteté publique, se sont aussi relâchées de leur rigueur primitive. Ces Loix ou Coutumes, conformes à l'ancienne Jurisprudence de plusieurs Parlemens de France, imposoient peine de mort à qui refusoit d'épouser une fille dont il avoit obtenu les faveurs : on en est quitte aujourd'hui pour une procédure rigoureuse qui s'instruit par le concours des deux Puissances, & pour une somme d'argent proportionnée aux richesses du suborneur & à l'état de la fille. Lorsque nous étions à Genève, pareille procédure s'instruisoit contre un très-joli garçon du Canton de Zurich, qui, sous promesse de mariage, avoit abusé d'une Genevoise. La crainte d'indisposer sa famille, aussi riche que la fille l'étoit peu, peut-être aussi de nouvelles amours, lui ayant fait manquer à sa foi, il avoit été emprisonné, sur la requête de cette fille : nous l'avons souvent vu aux fenêtres de la prison, frisé & arrangé en petit-maître. Depuis quelques jours, il avoit été confronté à sa partie, qui s'étant jettée à ses pieds, avoit déployé tout ce que l'amour peut suggérer de plus pathétique. Cette scène très-longue avoit été si touchante, que l'accusé étoit tombé en foiblesse, & que les Juges, au nombre desquels étoient de vieux Ministres, fondoient tous en larmes. On espéroit réveiller la tendresse de l'infidelle; les premières têtes du Consistoire y travailloient sérieusement: nous ignorons si elles auront réussi.

Ce Consistoire ne se contente pas de prêcher, il mande devant lui ceux qui manquent aux devoirs de Religion, & les réprimande vertement: il fait quelquefois ces réprimandes par députés, lorsque les personnes qui en sont l'objet demandent quelques égards.

J'appris, avec étonnement, que depuis l'établissement de la Réforme à Genève, vers le milieu du dernier siècle, on y avoit solemnellement brûlé une vieille femme, accusée de magie*. Quelque Corps avoit sans doute intérêt de se ménager ce préjugé, puisqu'il a pu survivre à tant d'autres préjugés que les Réformateurs de Genêve avoient attaqués & détruits, quoique plus respectables que celui-là.

On se tromperoit, sans doute, si l'on s'imaginoit qu'au milieu de prêches continuels, sous les yeux d'un Consistoire aussi vigilant, & avec des Loix qui n'ont négligé aucun devoir, les mœurs du Peuple de Genêve répondent à son anagramme rapporté par Misson: *Respublica Genevensis, gens sub cœlis verè pia.* L'amour du gain ne regne nulle part avec plus d'empire: de-là l'amour du travail, l'activité, la sobriété, la souplesse & l'entregent qui distinguent les Genevois.

Peut-être la Religion de Genêve est-elle trop sublime, trop métaphysique, trop dégagée de tout objet sensible, pour influer sur les mœurs d'un Peuple, en remuant son ame, & en s'emparant de son cœur: elle

---
* Je l'ai lu aussi quelque part.

ressemble moins, cette Religion, à un culte quelconque, qu'à l'Ecole ou du portique, ou du lycée. Au pied du Mont Oreb, les Israélites qui n'avoient point encore de culte auquel fussent liés des objets sensibles & palpables, élevèrent un veau d'or. L'intérêt est le veau d'or que les Genevois ont élevé dans des circonstances à-peu-près pareilles. En vain diront-ils que leur Religion est le pur Christianisme, le Christianisme de la primitive Eglise, *sacro-sancta Christi religio in suam puritatem reposita*, ainsi qu'on le lit à la façade de leur Hôtel-de-Ville. Le Christianisme de l'Eglise primitive étoit la Religion, non d'un Peuple que le hasard y faisoit naître, mais d'ames sublimes, d'élus, de saints*, qui l'embrassoient par choix, qui y entroient par le sacrifice de tous les désirs de la chair & du sang, & dont la plus douce espérance étoit celle du martyre.

En général, la société tient plus à Genêve du goût allemand, que du

---

* *Electi, vocati, sancti.*

goût françois: elle est dist[...] par cotteries d'hommes qui lou[ent] une chambre où ils vont passer les soirées à fumer, à parler politique, & à s'entretenir de leurs affaires particulières. Les femmes s'assemblent les Dimanches, & s'amusent entre elles, sans préjudice, aux parties fines pour lesquelles on a de petites maisons qu'on nous a dit être en assez grand nombre: en un mot, à quelques égards, la vie de Genêve est encore la même que celle dont Théodore de Bèze nous a laissé la peinture dans sa fameuse Lettre au Président Lizet, sous le nom de *Benedictus Passavantius* *.

La réserve italienne & le flegme allemand regnent dans le commer-

---

* *Isti hæretici vivunt læti & irrident nos, neque sunt tantùm melancholici à dimidiam partem, quantùm ego putabam. Verum est quod semper loquuntur de Deo; sed in reliquo ipsi loquuntur, bibunt & comedunt sicut alii homines, & facit bonum prandere cum eis; nam habent magnas truitas quæ sunt nimis valdè bonæ; &, sicut dicebat Cardinalis lagenifer nuper transiens per istam patriam cùm suis lagenis, quamvis homines sint hæretici, tamen pisces non passunt sed.*

GENÈVE. ce des Genevois, entr'eux & avec les Étrangers : si quelqu'un d'eux y met quelque chose de françois, c'est moins la politesse françoise que la courtoisie du Dauphiné.

N'oublions pas d'observer que Genêve a réalisé en partie le projet proposé par le Docteur Swift, dans son *grand Mystère, ou Art de méditer sur la garde-robe*. Dans la partie du Lac qui regarde la Ville haute, on a bâti depuis peu de vastes commodités, partagées en cellules que séparent de légères cloisons, la plûpart *à hauteur d'appui*, ainsi que l'exigeoit le Docteur, *pour la commodité de la conversation*. Je m'y présentai un matin, & m'étant placé au centre, je partageai une conversation très-soutenue entre quantité de femmes dont les unes étoient en affaires, & les autres attendoient leur tour.

Le commerce de Genêve n'est pas un trafic casanier qui attende les acheteurs, il va les chercher, & les Genevois le répandent par-tout où ils peuvent le pousser.

Les objets de ce commerce se prêtent à l'activité de ceux qui le promènent : l'horlogerie, la bijouterie, les mousselines, les toiles légères en forment les branches principales.

Une grande partie des piéces d'horlogerie se fabriquent dans les montagnes de la Suisse, dont elles occupent les habitans pendant la saison des neiges. La plûpart ont à Genêve des Horlogers atitrés qui leur achetent ces piéces à demi-brutes, les retouchent, & en font ces montres, que, dans de très-longues tournées, ils répandent en Allemagne, en France & en Espagne. Ils en font aussi passer beaucoup aux maisons que plusieurs ont à Paris, ou à des Horlogers Parisiens qui y gravent leur nom & les vendent pour leur ouvrage.

Londres fut à cet égard pour Genêve un débouché aussi considérable & aussi sûr que Paris; mais les Anglois ayant étendu chez eux ce genre de manufacture, ils se passent aujourd'hui des Genevois, ou ne prennent leur marchandise qu'au prix qu'ils y mettent eux-mêmes. Ce procédé a beaucoup refroidi la tendresse naturelle des Genevois pour eux. Ils disent hautement que Messieurs les Anglois sont des Juifs qui veulent que les autres tirent tout d'eux, sans rien tirer d'autrui : cependant l'Angleterre leur fournit encore presque toute la draperie qu'ils consomment, celle qu'ils versent en Italie, & celle qu'ils réussissent à faire passer en France; quoiqu'ils reconnoissent que les draperies de France, au moins dans les premières espèces, sont plus avantageuses que celles d'Angleterre.

La dernière guerre, en diminuant en France le commerce de bijouterie, avoit chassé de Paris un grand nombre d'Ouvriers & de Metteurs-en-œuvre : la guerre actuelle en a occasionné une transmigration encore plus considérable. Les Genevois les ont favorablement accueillis; ils leur ont donné de l'ouvrage, & la bijouterie remplit aujourd'hui la brêche que l'activité des Anglois a faite à leur commerce d'horlogerie : il y a même tout lieu de présumer qu'ils enleveront à la France cette branche importante de commerce. Ils font maîtres du titre des matières d'or & d'argent qu'ils mettent en œuvre; & le titre est la chose la plus indifférente à une jolie femme ou à un petit-maître qui veut se donner une tabatière ou un étui; d'ailleurs ils n'ont aucun droit de contrôle à payer. Quant aux droits d'entrée en France & en Espagne, voici comment ils s'en dispensent. Un Genevois avec son Valet, l'un & l'autre bien montés, partent de Genêve avec deux valises bien fournies de montres & de bijouterie. Le Maître porte un presqu'uniforme suisse : à tous les passages, à toutes les portes de Ville, on arbore une cocarde : à tous les *qui-va-là*, on répond *Officier Suisse*, & l'on passe.

Les mousselines, les indiennes, les toiles légères & le linge ouvré sont la base du commerce de Genêve : elle tire de la Suisse & verse en France presque toutes les mousselines qui s'y consomment; elle a même, dans la dernière guerre, fourni en ce genre la vente de l'Orient, qui auroit manqué par la suspension

GENÈVE.

des retours de la Compagnie des Indes. A l'égard de ces objets, toute la Suisse peut être considérée comme une Manufacture immense qui jouit de tous les avantages d'une pleine liberté, de l'exemption de tous droits, de l'abondance des matières premières, du bon marché de la main-d'œuvre, & de l'industrie toujours active d'un peuple très-laborieux. Par des moyens plus efficaces que les projets, les mémoires, les dissertations, Genève & Bâle ont prolongé, le plus qu'il leur a été possible, la prohibition des toiles peintes en France. Pour se faire une juste idée des avantages ou des désavantages de cette prohibition, relativement à ce Royaume, il suffisoit de consulter les allarmes des Négocians de ces deux Villes. Depuis qu'elle a cessé, ils regardent comme anéantie cette branche très-importante de leur commerce, de l'instant où la paix aura baissé en France le prix des cotons & des drogues nécessaires pour la Teinture.

Il résulte de ce détail, que la balance d'un commerce très-considérable entre la France, la Suisse & les Genevois, est entièrement du côté de ces derniers, qui ne tirent de France que des bleds, dont le prix n'est qu'une très-légère déduction des sommes que la solde des Troupes Suisses tire de France, & dont la traite se fait de manière qu'elle est toute à leur avantage, soit qu'ils en fassent passer une partie en Allemagne, soit que, comme il est arrivé quelquefois, ils reversent en France ces mêmes bleds, avec un bénéfice considérable pour eux.

Parmi les canaux qui portent à Genève l'argent de France, on peut compter le célèbre Tronchin, qui est à cette Ville ce que fut Esculape au canton d'Epidaure. Les Romains tirèrent ce Dieu de son Temple, & le firent venir à Rome, où il se fixa. Les François ont aussi fait venir à Paris M. Tronchin; mais il n'y est pas resté *.

---

* Il est depuis revenu à Paris, & il paroît s'y être fixé.

GENÈVE. Lorsque nous passâmes à Genêve, M. de Voltaire étoit aux *Délices* avec Mesdames ses niéces & un petit neveu. Nous leur rendîmes nos devoirs. Nous fûmes enchantés de l'ordre & du ton de cette maison: M. de Voltaire en fait parfaitement les honneurs*. Il s'amusoit alors à exercer une Troupe de Comédiens qui avoit son Théâtre à un quart de lieue des *Délices* & de Genêve, sur les terres de Savoie. L'un des deux jours que je passai avec lui, ces Comédiens vinrent répéter sa *Mérope*. Il leur fit cette répétition, en relisant d'après eux chaque tirade, d'abord d'une voix sourde & éteinte; mais il rentra par degrés dans le feu de la composition**; & de ce feu sortoient, comme autant d'étincelles & d'éclairs, les raisons qu'il

---

* *Gratia, fama, valetudo contingit abundè,*
Et lautus victus non deficiente crumenâ. . . . .

** *Non vultus, non color unus,*
Nec compta manfere coma; sed pectus anhelum
Et rabie fera corda tument, majorque videri
Nec mortale sonans.

donnoit à ses Comédiens, pour varier le ton, pour hausser ou baisser l'intonation, pour animer ou modérer le geste, pour presser le dialogue ou le rallentir *. Jamais spectacle ne m'a autant amusé & intéressé que cette répétition.

En quittant M. de Voltaire, j'obtins de lui son portrait: il y joignit un préservatif singulier ** contre

---

* Cicéron dit qu'on ne réussit dans cet exercice, que *cùm summo labore, stomacho, miseriáque: jam enim*, ajoute-t-il, & à qui cela pourroit-il mieux convenir qu'à M. de Voltaire ? *quò quisque in eo genere solertior est & ingeniosior, hòc docet iracundius*. Pro Rosc. Comed.

** Un Chapelet, dont un Capucin l'avoit gratifié. Le 16 Avril 1759, M. de Voltaire m'écrivit à ce sujet : » M. le Professeur » Schapflin a aussi parmi ses raretés un Cru- » cifix qui m'a appartenu. Je suis bien aise » que, de mon vivant, mes reliques ayent » quelque crédit, & que mon Chapelet de » Genève ait édifié Rome. Je souhaite qu'il » vous ait tenu lieu, dans votre voyage, de » l'Oraison de Saint Julien, & que vous » ayez eu autant de bonnes fortunes que » mon Chapelet a de grains. Vous avez ren- » du témoignage de ma foi en Italie. Je crai- » gnois d'être cuit par l'Inquisition ; mais,

B v

le feu de l'Inquisition, si elle venoit à être tentée de faire main-basse sur le portrait, & de lui jouer quelque mauvais tour.

» grace à la justice que vous m'avez rendue,
» je vois que je ferai des miracles, si je voya-
» ge jamais en Terre Papale. «

LA SAVOIE
ET
LES ALPES.

La Savoie commence aux portes de Genêve, qui en a fait autrefois partie : l'Arve sépare leurs territoires. Les Peuples de la partie de la Savoie que nous avons parcourue, si l'on en excepte les cantons de Chambéry & de la Maurienne, portent, dans leur air & sur leur physionomie, l'empreinte de la dureté du climat qu'ils habitent. Des visages d'une pâleur livide, des gouêtres énormes, des corps décharnés & languissans, forment la partie animée du spectacle qu'offre la Nature. Les incommodités politiques se réunissent contre ces malheureux aux incommodités physiques. La paix ne les exempte point de la levée des Milices : les impôts qu'ils payent sont énormes, si on les croit ; & ils peuvent le paroître, quelques légers qu'ils soient, dès que ceux sur qui

LA SAVOIE & LES ALPES.

on les leve, ont à peine de quoi vivre misérablement : la dureté de la perception ajoute encore au poids de l'imposition. Jugeant de leur Souverain par eux-mêmes, croyant tout le pays de sa domination pareil à celui qu'ils habitent, frappés de l'air d'opulence & de grandeur que présente la France en comparaison de leur pays, ils désireroient que la Savoie fût unie à la France, dans l'idée, sans doute, qu'un puissant Monarque se feroit conscience d'exiger quelque chose d'un pays tel que le leur. Cependant ce pays paroît cultivé autant qu'il le peut être, quoiqu'il y ait lieu de présumer qu'il seroit & mieux cultivé & plus peuplé, si un peu de relâchement dans les levées d'hommes & d'argent laissoit à l'industrie d'un Peuple très-sobre & très-laborieux, les moyens de se développer.

ANNECY ne paroît se soutenir & subsister que par la devotion aux reliques de Saint François de Sales, & par l'argent des étrangers qu'y attire cette dévotion.

CHAMBÉRY n'offre rien de remarquable que la beauté de sa situation : beauté très-relative, & qui n'auroit rien de frappant dans tout autre pays. Nous nous joignîmes dans cette Ville à deux Officiers Suisses au service du Roi de Sardaigne. Ils venoient de Berne, leur patrie, & alloient faire leur service à Turin. Comme cette route étoit très-familière au plus âgé * qui avoit l'esprit fort cultivé, un grand sens, beaucoup de politesse, & des lumières très-nettes sur l'Italie, nous ne pouvions trouver de compagnie plus assortie à notre goût & à l'objet de notre voyage.

Au souper qui lia notre connoissance, étoit un jeune Anglois escorté d'un homme en rédingotte, l'air sombre, l'œil agard, le ton brusque & pédant, ignorant l'anglois, écorchant le françois, en somme fort peu fait pour l'emploi de Mentor qu'il paroissoit exercer auprès du jeune Voyageur. Nos Suisses l'attaquèrent de conversation : elle roula

LA SAVOIE
&
LES ALPES.

---

* M. Charmer.

sur la religion de Rome, sur celle de Suisse, sur celle d'Angleterre. Les Jésuites y fournirent un ample chapitre, ainsi que cela se pratique par-tout. Nous avions-là un Trinitaire Espagnol, qui soutint, d'après la connoissance qu'il avoit du Paraguay, que toutes les forces de l'Espagne & du Portugal reunies, n'étoient pas suffisantes pour débusquer les Jésuites de ce pays. Le Mentor tint le dez, & traita tous ces articles de manière à ne nous point laisser soupçonner qu'il ne fût pas bon Anglican. Lui & son Thélémaque étant le lendemain partis avant nous, nous apprîmes que le jeune Anglois étoit Catholique, & que son Pédagogue étoit un Jésuite de Turin, qui le conduisoit en Angleterre. Nos Suisses, loin de se repentir de la scène de la veille, parurent lui désirer de fréquentes bonnes fortunes de la même espèce.

A Chambéry, on a pour le passage des Alpes, le choix de deux routes: l'une, par la Tarentaise, qui, en cotoyant l'Isere, débouche par le Mont Saint Bernard dans le Val d'Aouste ; l'autre, par la Maurienne, qui, en remontant l'Arche ou l'Arc, dans l'espace d'environ vingt lieues, aboutit au Mont Cénis. La dernière est la plus fréquentée & la moins rude : *Elle offre*, disoit Ammien Marcellin, *une pente douce à ceux qui viennent des Gaules en Italie* *. Cette pente continue, que suit l'Arche en se précipitant, conduit presque insensiblement à la cîme du Mont Cénis. L'Isère, moins rapide que l'Arche, parce qu'elle coule sur un terrein dont la pente est plus douce, conduit au pied de monts qu'il faut escalader en y arrivant.

Il ne faut pas s'imaginer que les passages où aboutissent les routes connues, soient dans les Alpes ce que sont dans le Caucase les fameuses portes Caspiennes, c'est-à-dire, des pas que l'on puisse réellement fermer avec des portes, & où un foible détachement suffise pour arrêter une armée : si les Historiens grecs, si nos Voyageurs modernes n'ont

---

* *Est enim è Galliis venientibus, proná humilitate devexa.*

point voulu en impoſer, ou s'ils n'ont point eux-mêmes été trompés. Les Alpes ſont ouvertes de toutes parts à ceux qui en connoiſſent les cols, les gorges, les iſſues & les communications. Quelque avantage que puiſſe donner cette connoiſſance aux gens du pays pour leur défenſe, nous voyons que dans tous les temps, le paſſage en a été tenté avec ſuccès par des armées étrangères.

De ces entrepriſes, la plus fameuſe & la plus célébrée eſt celle d'Annibal, qui avoit contre lui les déſavantages d'un climat glacé pour une armée compoſée d'Africains & d'Andalous, l'ignorance du terrein, tout le pays en armes, l'embarras des éléphans & de toutes les machines qui compoſoient l'artillerie des Anciens. L'aventure du rocher à travers lequel il s'ouvrit un chemin, en le diſſolvant avec du vinaigre, a été célébrée à l'envi par les Hiſtoriens & par les Poëtes Latins qui ne ſe ſont point défiés de la *Foi Punique*, & qui ont été aveuglément ſuivis par le torrent des Commentateurs & des Historiens postérieurs. Polybe s'en défiant, vint lui-même visiter les lieux. Dans le détail qu'il donna, d'après cet examen, du passage d'Annibal en Italie, l'aventure du rocher se réduisit à un accident très-ordinaire aux chemins pratiqués dans les pays de montagnes, c'est-à-dire, à l'éboulement, dans la longueur d'un stade & demi, du terrein même qui formoit le chemin, sur le flanc d'un rocher escarpé. Cet accident que, d'après l'étude du terrein, Polybe auroit pu regarder comme le dernier effort de la mauvaise volonté des Montagnards pour Annibal, retarda la marche de ce Général, le mit dans la nécessité de tenter un autre passage, &, n'en trouvant point, de revenir au rocher, & de s'y ouvrir un chemin : opération qui occupa pendant quatre jours toute l'armée Carthaginoise.

Presque tous les Auteurs qui parlent de cette opération, disent que son objet étoit d'ouvrir un chemin dans le rocher même. Mais on alloit plus facilement au même but, en relevant simplement le chemin éboulé : chemin qui n'étoit autre chose qu'une banquette formée de pierres arrangées les unes sur les autres, & appuyée au flanc du rocher. Tel est encore aujourd'hui, en bien des endroits, le chemin de la descente des Alpes*.

Tite-Live qui raconte qu'un stade & demi de chemin fut ouvert dans le rocher même, a plus donné au merveilleux, qu'à la vraisemblance**. Pour ramener ce fait à la simplicité du récit de Polybe,

---

* Tite-Live énonce cette opération par un mot dont la double leçon revient au même sens : *Milites ducti ad rupem muniendam* ou *minuendam*. La première leçon, plus analogue au τὸ κρημνὸν ἐξοικοδομεῖ de Polybe, énonce le chemin relevé sur les ruines du premier : la seconde, le parti que l'on dut tirer du rocher même, en détachant de sa masse une partie des pierres nécessaires pour ce relevement. Polybe n'entre dans aucun détail sur les moyens : il dit simplement, τὸ κρημνὸν ἐξοικοδομεῖ μετὰ πολλῆς τῆς ταλαιπωρίας.

** *Ita torridam incendio rupem ferro pandunt, molliuntque modicis anfractibus clivos, ut non jumenta solum, sed & elephanti deduci possint.*

& aux indications que l'on peut tirer de l'état actuel du terrein, ne pourroit-on pas dire qu'Annibal attaqua le rocher par tous les moyens qu'on avoit pour cette sorte d'opération, avant l'invention de la poudre ; qu'il profita d'abord des gerfures ou crevasses que présentoient la cîme & le flanc du rocher, pour l'effeuiller, autant qu'il étoit possible ; que, lorsqu'il fut entièrement dépouillé, il le fit chauffer, pour y ouvrir, par l'action du feu, de nouvelles gerfures ? procédé qui lui fut, sans doute, indiqué par les Espagnols de son armée, qui exploitoient ainsi dans leur pays plusieurs mines de différens métaux.

Quant au vinaigre qu'on lui fait employer, il étoit très-commun dans les armées des Anciens ; & les Soldats à qui on le distribuoit par ration, l'employoient à différens usages, pour lesquels il ne seroit pas moins essentiel aujourd'hui à nos Troupes : il étoit un des plus forts dissolvans que connussent les Anciens, & les Espagnols l'employent encore aujourd'hui avec le feu, pour dissoudre des éclats de mine que la poudre a fait sauter.

J'aurois évité cette discussion, si j'eusse prévu qu'elle m'eût jetté dans un aussi grand détail. Je prie ceux qu'elle ennuiera, de me la pardonner, & de me passer encore quelques considérations sur l'endroit où Annibal passa les Alpes.

Les lumières que les Anciens nous ont laissées à ce sujet, se perdent dans l'obscurité des lieux qu'ils indiquent, dans l'incertitude des Ecrivains postérieurs sur la position de ces lieux, & dans les changemens que leurs noms ont essuyés. Si la tradition du pays devoit décider, il seroit constant qu'Annibal passa par le Mont Saint Bernard.

Suivant une foule d'Auteurs, c'est à ce passage célèbre que cette partie des Alpes doit le nom d'*Alpes pennines*; & l'on montre encore sur cette route le rocher, qui est, dit-on, le même que celui qu'Annibal s'ouvrit, & de prétendus restes d'une inscription punique, par laquelle ce Général voulut conserver la mémoire de son passage. Mais les conjectures de Simler qui le fait passer par le Mont Cénis ou par le Mont Genêvre, me paroissent mieux raisonnées :

1°. Annibal, partant du Dauphiné, avoit devant lui le Mont Genêvre & le Mont Cénis.

2°. Il se porta en dix jours des bords du Rhône dans les Alpes.

3°. De la cîme de ces montagnes, le seul Tite-Live lui fait découvrir le Piémont, pour donner lieu au discours oratoire qu'il lui met à la bouche. Or le témoignage d'un Orateur est une foible autorité pour un Géographe.

4°. A ces raisons de Simler, j'ajoute que l'armée Carthaginoise arrêtée sur la cîme des Alpes par l'éboulement du chemin, campa pendant quatre jours sur cette cîme, avec ses éléphans & tous ses bagages *.

La cîme du Mont Cénis offroit un plateau, dont l'étendue, de près de deux lieues, sembloit faite pour le campement d'une armée aussi con-

---

* *Castra in ipso jugo posita.*

sidérable ; & les informations que j'ai prises sur les lieux, m'ont instruit que ni le Mont Saint Bernard, ni le Mont Genêvre n'ont point à leur cîme de surface suffisante pour un tel campement. Enfin, quoique la descente du Mont Cénis soit perfectionnée par d'immenses travaux, quoique la plus grande partie du chemin qui la forme aujourd'hui, soit prise dans les rochers mêmes qu'on a fait sauter par le moyen de la mine, on y trouve encore plus d'un pas où le chemin formé de débris de roches entassées, pourroit, ou en s'éboulant par hasard ou étant renversé par les gens du pays, jetter une armée qui le suivroit, dans l'embarras où se trouva Annibal.

M. le Chevalier Follard trace la route d'Annibal par le Mont de Lens, le Lautaret, le Mont Genêvre, le col de Sestrières & la vallée de Pragelas : il refuse absolument au Mont Saint Bernard l'honneur de ce passage fameux. Quant au Mont Cénis, *alors*, dit-il, *il étoit inaccessible à une armée : je doute même,* ajoute-t-il, *que ce passage fût ouvert en ce temps-là.*

En réduisant & cette assertion & ce doute à la même valeur, on peut observer que la Maurienne assez agréablement assise au milieu d'un pays horrible, étoit dans l'antiquité un des cantons les plus peuplés, & par conséquent des plus connus & des plus fréquentés du pays des Allobroges, & que ce canton avoit un Evêque dès les premiers siécles du Christianisme ; que la rivière sur laquelle est assis le chef-lieu de ce canton, conduisoit, en la remontant, au Mont Cénis, par une continuité de vallées ou gorges plus ou moins ouverts ; que le plateau que l'on trouve à la cîme de cette montagne, offre un chemin tel qu'on pourroit à peine le rencontrer dans la plus belle plaine ; enfin que les raisons qui ont fixé à cette route la *Strada Romana*, & qui la rendent aujourd'hui la plus connue & la plus fréquentée de toutes celles qui traversent les Alpes, ont dû, dès les premiers temps, l'indiquer & l'ouvrir.

A ces considérations générales en faveur du Mont Cénis, ajoutons, 1°. que d'après Polybe, c'est-à-dire, d'après le texte même de M. le Chevalier Follard, Annibal n'engagea son armée dans les montagnes, qu'après avoir cotoyé, pendant dix jours de marche continue, une rivière qui, suivant M. le Chevalier Follard, & suivant l'évidence, ne pouvoit être autre que l'Isère; 2°. que les gens du pays ayant fait des dispositions pour s'opposer à son passage, il campa, après une première marche, dans les vallées dont ils tenoient les hauteurs; & que s'étant rendu maître de ces hauteurs pendant la nuit, il arriva en force le lendemain à une Ville qui étoit le chef-lieu de ces Montagnards *.

Or je demande à ceux qui ont la connoissance la plus intime des frontières de la Savoie & du Dauphiné, à M. Bourcet, par exemple, si dix jours de marche le long de l'Isère, depuis son embouchure dans le

_____
* *Castellum*, dit Tite-Live, *quod erat caput ejus regionis.*

Rhône, ne conduisoient pas Annibal à la ligne qui, en suivant cette rivière, sépare actuellement les terres de France de celles de Savoie; si ces dix jours de marche ne dépassoient pas de beaucoup le Mont de Lens, par lequel M. le Chevalier Follard ouvre sa route dans les Alpes; si le *caput ejus regionis*, sur lequel, après qu'il eut quitté l'Isère, deux petites journées le portèrent en combattant, n'indique pas Saint Jean de Maurienne; enfin, si à cette hauteur, en remontant l'Isère; si à cette distance de cette même hauteur, il étoit quelque chef-lieu, quelque Capitale de canton, autre que Saint Jean de Maurienne?

Observons encore qu'Ammien Marcellin, dont M. le Chevalier Follard emploie l'autorité, nous a laissé une notice détaillée des diverses routes ouvertes en différens temps, pour passer d'Italie dans les Gaules. Il désigne d'abord très-clairement celle que le Chevalier Follard trace à Annibal par le Mont Genêvre, *Matronæ verticem*, & par Briançon, *Castellum Virgantiam* : par lant ensuite de celle que tint en effet Annibal, il le fait aller *per Tricastinos & oram Vocontiorum extremam, ad saltus Tricorios*. Or, si les lumières que l'Histoire & la Tradition avoient conservées sur cette expédition, eussent été conformes au systême de M. le Chevalier Follard, Ammien Marcellin, sans dérouter ses Lecteurs par l'indication de ces cantons, eût dit simplement qu'Annibal avoit pris la route qu'il venoit d'indiquer par le Mont Genêvre & Briançon.

Terminons ces observations, en remarquant que les six marches qui, du chef-lieu dont Annibal s'étoit emparé à son entrée dans les Alpes, le portèrent au pied de la cîme de ces montagnes, suivant les termes de Polybe, remplissent précisément la distance de Saint Jean de Maurienne au pied du Mont Cénis. Quant à l'affaire avec les Montagnards, qui troubla la cinquiéme marche, on peut la placer entre Bramens & Soliers, dans une espèce d'entonnoir formé par des montagnes, qui s'ouvre à la droite, tandis que par la gauche l'Arche resserrée par une montagne escarpée qu'elle tourne, ne laisse qu'un chemin très-étroit dans le flanc même de cette montagne; & c'est peut-être sur le sommet de celle-ci qu'Annibal passa, avec la moitié de son armée, une très-méchante nuit.

De Chambéry, après avoir passé l'Isère sous Montmélian, nous vînmes le 22 Juin à AIGUEBEL. C'est, sans doute, par antiphrase qu'on a donné ce joli nom à un aussi vilain lieu. Quoique le ciel fut très-beau, toute l'horison étoit enveloppée d'un brouillard épais, roussâtre & très-puant : le Soleil avoit quitté Aiguebel dès cinq heures du soir. De toutes les parties des montagnes qui interceptoient sa lumière, découloit une eau, ou plutôt une écume jaunâtre, aussi désagréable à l'odorat qu'à la vûe. Le fond de l'espèce de puits qu'occupe le Village, retentissoit du sifflement des eaux de l'Arche & du bruit des roches que cette rivière charrie. Les Mines de divers métaux, qui enri-

LES ALPES. chiffent ces montagnes, ne purent réconcilier ce lieu affreux avec notre imagination. Nous y jouîmes cependant d'un spectacle aussi singulier qu'imprévu. Une heure après que le Soleil eut disparu, la nuit étant déja décidée & par son absence & par le brouillard, il nous vint, par une échappée de montagnes, un rayon qui, perçant le brouillard, parut comme un solide lumineux, & éclaira la vallée pendant cinq ou six minutes.

J'imaginai que les habitans d'un tel lieu devoient être *Autochtones*. Pour m'en assurer, je fis visite au doyen du bourg qui étoit un Maréchal, & je lui demandai si de sa connoissance, ou de celle de son pere, il étoit jamais venu quelque étranger s'établir à Aiguebel. Il me jura que le sang d'Aiguebel n'avoit jamais été mêlé d'aucun sang étranger, *fors* les Passans & les Chanoines d'une petite Collégiale qui se trouve là. Il me fit cette réponse; il me demanda des nouvelles de France, & mon sentiment sur les beautés d'Aiguebel, avec une gaieté qui m'étonna. Je tins enfuite tout le bourg pour me procurer la monnoie d'un écu de France, sans pouvoir la trouver. Tous les gens à qui je m'adreſſai, me dirent unanimement que les Maltotiers avoient, depuis quelques jours, fait leur recouvrement, & qu'ils n'avoient pas laiſſé un ſol dans tout Aiguebel.

L'Arche que nous avions trouvée là, nous conduiſit juſqu'au Mont Cénis : ſon lit eſt une eſpèce d'eſcalier plus ou moins roide, embarraſſé par les roches qu'elle entraîne avec fracas : elle reçoit toutes les eaux des gorges qui aboutiſſent à ſon lit, & celles qui s'y précipitent du haut de rocs perpendiculairement eſcarpés. Ces caſcades très-fréquentes, que l'on prend de loin pour des plattes-bandes de neige perpendiculaires, ſont auſſi ſupérieures à tout ce que l'on voit en ce genre dans les Maiſons Royales de l'Europe, que les plus merveilleuſes caſcades de ces Maiſons le ſont à celles de l'Opéra de Paris. La limpidité des eaux eſt relevée par le fond du rocher qu'elles parcourent ſans le toucher : ce sont communément des rochers taillés à pic par leur centre, & chargés d'une couleur ferrugineuse diversement nuancée. La manière dont ces cascades arrivent à terre, attira aussi mon attention : une nappe de dix pieds de largeur, tombant de la hauteur de cent pieds, paroît moins tomber que se poser doucement sur le point de sa chûte, avec un léger bouillonnement.

D'Aiguebel, nous allâmes coucher dans un lieu pire qu'Aiguebel, parce qu'à toutes les horreurs de la situation, il joint le danger de bandits attroupés qui y surprennent assez souvent les passans dans leur lit. Ils nous respectèrent. De-là, en avançant dans les Alpes, vis-à-vis Bramens, est à la gauche de l'Arche un hameau appellé *Abries* ou *Abris*.

Je crois que c'est le lieu où mourut Charles le Chauve, & non à Brion, ni à Briord en Bresse, ainsi que me l'avoient dit les Bressans. En effet, en rapportant la mort de ce Prince, les Annales de Saint Bertin disent qu'à son retour d'Italie, étant tombé malade au passage du Mont Cénis, par l'effet du poison que lui avoit administré son Médecin, il s'arrêta dans un lieu appellé *Brios*, où il fit venir Richilde, sa femme, qui l'attendoit à Saint Jean de Maurienne; & qu'après une maladie d'onze jours, il mourut *in vilissimo tugurio*. Si ce Brios eût été situé dans la Bresse, Richilde s'y fût trouvée avec son mari, soit qu'elle fût venue de France au-devant de lui, soit que l'ayant accompagné dans son expédition d'Italie, elle eût repassé les Alpes avant lui. Dans le premier cas, s'étant avancée jusqu'à Saint Jean de Maurienne, elle l'y auroit rencontré, &, sans s'y arrêter, l'auroit accompagné jusqu'en Bresse, dans l'état de mort où il se trouvoit. Dans le second cas, il l'eût prise en passant à Saint Jean de Maurienne. Ainsi tout conduit à placer ce hameau entre cette dernière Ville & le Mont Cénis.

Presque toutes les Annales contemporaines, &, d'après elles, les Chroniques de Saint Denys rapportent que, dans le lieu même où

Charles le Chauve mourut, » ses » gentz fendirent li cors & oste- » rent les entrailles ; & quant ils » l'orent bien lavé, si l'en oinstrent » de basmes & oignementz aroma- » tiques, puis le mistrent en un es- » crin, pour porter à l'Eglise de » Saint Denys en France, là où il » avoit sa sépulture eslue ; mais pour » ce qu'il commença si durement à » flairier, pour qu'ils ne le peussent » pas longuement porter pour la » flaireur qui tout-à-dès croissoit, si » l'enterrerent en la Cité de Ver- » ziaux (Verceil) en l'Eglise Saint » Eusebe le Martyr. « Les Annales de Saint Bertin disent, au contraire, qu'il fut déposé à Nantua. Son fils, & les Moines de Saint Denys qu'il avoit comblés de biens, ne firent transférer ses os à Saint Denys, que plusieurs années après sa mort ; encore fallut-il deux visions pour les en faire aviser.

L'indifférence avec laquelle le corps de cet Empereur fut embaumé & laissé en chemin, l'incertitude des Historiens de son siécle sur le lieu où il avoit été déposé, l'oubli où il resta plusieurs années, le peu de soin des Ecrivains postérieurs pour démêler & fixer s'il avoit été déposé à Nantua, ainsi que le disent les Annales de Saint Bertin, ou à Verceil, suivant les Chroniques de Saint Denys & les autres Annales contemporaines, toutes ces négligences ne prouvent pas un attachement bien vif pour la mémoire de ce Prince. Il étoit presque parvenu à rassembler les membres épars de l'Empire de Charlemagne, son ayeul; mais une ambition sans vûes, une politique sans suite & sans principes, une aveugle confiance pour des gens de néant, ne formèrent de ces membres réunis qu'un squelette mal assemblé, qui bientôt, en s'écroulant, entraîna la ruine de la race Carlienne.

Nous passâmes le Mont Cénis la veille de la Saint Jean : on y sentoit pour la première fois une chaleur décidée; en le montant, nous y vîmes encore de la neige en quelques endroits. Arrivés sur le plateau très-spacieux qu'offre son sommet,

LES ALPES. nous y trouvâmes le plus beau ciel, l'air le plus pur, & toute la terre couverte d'une verdure très-fine & émaillée de fleurs presque toutes épanouies. Parmi ces fleurs, nous distinguâmes des narcisses & des renoncules d'un jaune de jonquille, de la plus belle forme & ayant une légère odeur de jonquille, de la violette en forme de menue-pensée extrêmement large & exhalant une odeur qui semble être un exttrait de ce que la fleur d'orange a de plus doux & de plus suave. Cette verdure & ces fleurs devoient le lendemain, jour de la Saint Jean, être abandonnées aux troupeaux des cantons voisins, qui chaque année viennent ce jour-là s'établir sur cette cîme, d'où ils ne descendent qu'aux premières neiges.

Nous nous arrêtâmes dans un Prieuré bâti au milieu du plateau : nous avions soupé la veille avec le Prieur, qui nous avoit invités à prendre chez lui quelques rafraîchissemens. En y arrivant, nous trouvâmes le couvert mis, de l'excellent vin, & des truites qu'il venoit de pêcher dans un Lac qui fait face à son Hermitage: Lac qui occupe la partie la plus basse de l'espèce de coupe que forme la cîme du Mont Cénis. Les truites que le Prieur fit cuire lui-même, étoient d'un rouge, d'une fermeté & d'un goût qui pourroient déterminer des gourmands à faire le voyage du Mont Cénis pour en manger sur le lieu même. Ce Prieur exerce ainsi l'hospitalité envers les Pélerins qu'il juge capables d'apprécier ses truites: la reconnoissance des Pélerins fait le plus solide revenu du Prieuré. Nous le priâmes de faire recueillir des griffes d'anémones, de la graine de violette & de quelques autres fleurs, & nous lui laissâmes, avec une adresse à Lyon, un écu de six livres pour les frais de cette cueillette: il a, malheureusement pour nous, oublié cette commission.

Du Lac qui nourrit ces excellentes truites, sort la petite Doire, que l'on cotoye en descendant en Italie. A l'idée que nous avons donnée du plateau où se trouve ce Lac, il faut ajouter, pour la satisfaction des Naturalistes, que l'espèce de coupe qu'il forme, est bordée de falaises très-élevées, & qu'ainsi il n'occupe pas, au pied de la lettre, le sommet du Mont Cénis.

Nous passâmes le Mont Cénis dans la voiture ordinaire, c'est-à-dire, sur une espèce de civière que forme une claie sur deux bâtons : c'est la voiture commune à toutes les grandeurs de ce monde qui ont à passer les Alpes. Le prix assez modique en est fixé par des réglemens du Roi de Sardaigne, à tant par porteur; mais le nombre des porteurs est à l'arbitrage du Syndic de Lasnebourg pour ceux qui viennent de France. Ce Syndic nous vint voir à notre arrivée, & après nous avoir mesurés, toisés & pesés de l'œil, il décida qu'il nous falloit quatorze porteurs, six pour moi & huit pour mon compagnon moins léger que moi. Enfin, par composition, nous n'eûmes que dix porteurs, dans la proportion arithmétique établie par le Syndic. Ces porteurs vont très-vite, en se relayant alternativement, & dans la marche le relais fait la converfation avec le porté. Cette converfation roule communément fur les Cardinaux, les Généraux, les Princes & les Princeffes qu'ils ont eu l'honneur de porter, & fur la générofité de ces Eminences & de ces Alteffes. Un d'eux me dit que fon pere avoit porté M. de Vendôme, & que ce M. de Vendôme étoit le plus drôle de corps du monde. Je leur demandai s'ils n'avoient jamais oüi dire qu'un certain Capitaine d'Algériens, nommé Annibal, eût paffé le Mont Cénis avec une groffe armée, il y a environ deux mille ans. Ils me dirent qu'ils avoient oüi parler de cet homme-là: que les gens du Mont Saint Bernard difoient que c'étoit par leur pays qu'il avoit paffé ; mais que le Maréchal de Villars & le Cardinal de Polignac avoient affuré aux gens de Lafnebourg que c'étoit par le Mont Cénis. Ce portage dure près de quatre lieues : nos gens paffèrent fur des mulets pris auffi à Lafnebourg, fuivant la taxe, & dont ils furent fort contens, à quelques quintes près.

LES ALPES. La descente en Italie est telle que la décrit Tite-Live, droite, ronde, étroite, glissante & très-escarpée*. Pour donner une idée du précipice qu'elle offre, il suffit de dire qu'on descend, en deux lieues ou environ, ce qu'on a monté pendant vingt-cinq lieues. L'Arche que l'on cotoye en montant, nous étonnoit par la rapidité de son cours; mais c'est une eau d'étang, en comparaison de la petite Doire que l'on suit en descendant: sa chûte est une cascade perpétuelle distribuée par palliers de vingt, de trente, de cinquante pieds d'élévation perpendiculaire, où l'eau perpétuellement fouettée se précipite en forme de mousse ou d'écume très-légère, qui, considérée à quelques distance, ressemble à ces nuages transparens qui flottent dans un beau ciel d'Eté.

Le chemin de cette descente est un zig-zag à angles très-aigus,

---

* *Pleraque Alpium ab Italiâ, sicut breviora, ita arctiora sunt : omnis ferè via præceps, angusta, lubrica.*

ménagé & distribué avec le plus grand art: nos porteurs alloient là-dessus aussi vîte que les plus habiles porteurs sur le pavé de Paris; ils ne se reposent que trois ou quatre fois: dans ces repos, ils plaçoient les deux civières à côté l'une de l'autre, sur la pointe d'un rocher, où, assis à terre, nous nous communiquions nos réflexions. Pour abréger chemin, ils franchissoient par enjambées la pointe des angles; & dans ces instans, nous & la civière qui nous portoit, nous nous trouvions quelquefois suspendus au-dessus de précipices plus ou moins profonds: les mulets eux-mêmes se permettent cette allure hardie, lorsque ceux qu'ils portent, ou veulent bien en courir les risques, ou s'abandonnent à eux, ne sçachant pas les conduire, & de crainte de pis. Cette descente est pour les voyageurs, comme une tempête qui les jette en Italie.

De la Novalèse, premier lieu du plein-pied, en allant à Suse, nos Officiers Suisses nous firent voir le revers du col de l'Assiette: poste célèbre par l'attaque qu'en 1747 lui

LES ALPES. donna le Chevalier de Belle-Isle, qui s'y fit tuer avec tant de braves gens. M. Charmer qui avoit eu part à la defense de ce poste, nous dit que cette expédition, si elle eût réussi, auroit ouvert aux François le Piémont & les Etats du Roi de Sardaigne ; qu'elle auroit réussi, si, suivant le plan du Chevalier de Belle-Isle, l'attaque eût commencé une heure plutôt ; qu'elle pouvoit encore réussir, si elle eût été soutenue une demi-heure de plus, le plomb ayant déja manqué aux troupes Piémontoises, lorsque les François se retirèrent, & la poudre étant sur le point de leur manquer : *Adeò fortuna in omni re dominatur!*

Salust.

PIÉMONT.
SUSE.

Du côté des Alpes, Suse est la clef de la plaine du Piémont : elle occupe le centre du débouché qui ouvre cette plaine. Comme elle est commandée par sa droite & par sa gauche, ses fortifications qui pouvoient en imposer avant l'usage de l'artillerie, ses murs & les tours quarrées qui les flanquent, n'ont rien de recommandable que leur antiquité. Ces tours & quelques autres de la même construction, répandues dans cette Ville, ressemblent assez à la tour de Saint Germain des Prés, à celle de Saint Pierre de Châlons, & à quelques autres édifices de cette espèce, que quelques Antiquaires regardent comme des monumens de l'Architecture des anciens Gaulois. C'est d'abord un massif d'une très-lourde maçonnerie, sans fenêtres ni ouverture, jusqu'à la hauteur de trente ou quarante pieds : s'élevent ensuite deux ou trois étages presque à jour, & dont les ouvertures sont ornées, ou plutôt chargées de colonnes sans proportion & sans forme déterminée ni dans le module, ni dans la base, ni dans le chapiteau : la séparation des étages est marqué au-dehors par une frise travaillée & évidée au ciseau en forme d'échiquier. Les colonnes que l'on voit à ces tours, ainsi qu'à plusieurs autres de même construction répandues dans la Lombardie, sont communément de marbre blanc : les bayes des ouvertures où elles sont placées, sont formées ou revêtues du même marbre.

A côté de ces antiquités Gauloises, on voit à Suse un monument d'antiquité Romaine. C'est un arc de triomphe formé de gros blocs de beau marbre de Carare, & très-bien conservé. On en trouve la description dans l'Atlas de Piémont. Le Marquis Maffei l'a aussi décrit : mais un Ingénieur Piémontois, frappé du peu de ressemblance de ces descriptions avec le monument même qu'il avoit étudié, en a donné une nouvelle, avec tous ses détails & tous ses développemens, qui méritent d'autant plus l'attention des Architectes, que les régles communes n'y ont pas été bien scrupuleusement observées.

L'inscription qu'on lisoit sur la frise de cet arc, étoit en lettres de bronze doré, que l'on a enlevées: on voit encore les trous qui recevoient les fiches de ces lettres. Par la combinaison de ces trous & de leur position respective, l'Ingénieur Piémontois a rétabli cette inscription. Suivant le Restituteur, l'arc fut érigé par Cossius, Roi d'une partie du Piémont & des Alpes, quoique l'inscription même ne lui donne que le titre de *Préfet*. Il est vrai que Suétone parle d'un Roi de ce pays, dont le Domaine fut réduit en Province par Néron.

A un mille environ avant Suse, sur un tertre d'où les montagnes commencent à s'éloigner, le Roi de Sardaigne vient de fortifier une Citadelle appellée le *Fort de la Brunette* : il y a, dit-on, épuisé toutes les ressources de l'art, principalement pour la partie des mines & contre-mines qui embraffent tous les points d'où l'on peut attaquer ou infulter ce fort. Non-feulement l'entrée n'en eft pas permife, mais la vûe même en eft interdite; & comme nous jettions un coup d'œil fur une partie de fortification extérieure à laquelle on travailloit, on nous pria, fort poliment à la vérité, de pourfuivre notre chemin.

TURIN.

CETTE Ville occupe le centre d'une plaine couronnée par différentes croupes des Alpes. Elle se présente de la manière la plus avantageuse : ses portes, ses rues, ses Eglises, ses Palais offrent des points de vûe que l'on ne trouve point dans les Villes de France.

Cependant, lorsqu'on en vient à l'examen détaillé de chacun de ces objets, on est fâché d'y voir régner un goût singulier d'architecture, qui n'offre que des masses & des parties qui semblent se heurter, & dont l'effet, qui attire l'attention au premier coup d'œil, lasse & fatigue bientôt. Cette manière bisarre paroîtroit sortie de l'Ecole du Borromini, si la Chapelle Royale de Turin, bâtie avant le regne de cet Architecte, n'étoit pas un modèle en ce genre*. L'Eglise des Théatins de Paris est dans ce goût d'architecture adopté

---

* *Decipit exemplar vitiis imitabile.*

par les *Stucateurs*, qui le répandent dans toute l'Italie. C'est un nouveau genre de gothique * devenu nécessaire à des yeux lassés de la belle simplicité des anciens monumens & des bâtimens élevés sur ces modèles **.

Le Palais Royal de Turin est di-

___

* Michel-Agnolo Buonarotti, *nella dedica delle Rime del suo avolo al Emin. Barberini*. Quintilien a exprimé la même idée en ces termes : *Recta & secundùm naturam directa nihil habere ex ingenio videntur : illa verò quæ utcumque deflexa sunt, miramur tanquam exquisitiora, non aliter quam distortis & quocumque modo prodigiosis corporibus apud quosdam majus est pretium, quam iis quæ nihil ex communis habitûs bonis perdiderunt.* Lib. I. c. 5. *Reperto quod est optimum, qui quærit aliud, pejus appetit.* Lib. I. c. 15.

** *La sazietà di ciò che lungamente si è adoprato fà mutare il giudizio e spesso lo inganna, è fà appetere ed appresso tentare cose nuove. Il desiderio della gloria stimola sempre gli intelletti più vivi a farsi inventori, e spezialmente i giovani che confidando molto nelle forze loro e nelle loro imaginazioni, le cose antiche ricusano.* Réflexion vraiment philosophique, fondée sur l'expérience de tous les temps, & applicable à plus d'un genre.

gne du Souverain qui l'habite. Il a un très-grand nombre d'appartemens meublés & distribués avec le goût & toute la magnificence qui brilloit dans les Maisons Royales de France, avant que Versailles fût bâti. Une propreté, rare dans les Maisons de cette classe, y regne de toutes parts ; le Roi en fait une loi à tous ses Officiers : aucune cellule de Religieuse n'est tenue plus proprement que la chambre & l'appartement qu'il habite.

Ces appartemens, les galleries & les corridors de communication sont remplis de tableaux, de marbres, de glaces & de statues antiques. Ces statues & une très-grande quantité de bustes antiques sont des débris du Cabinet des Gonzagues, Ducs de Mantoue : ces richesses passerent à Turin lors du sac de cette première Ville.

L'Ecole Flamande domine parmi les tableaux. On ne voit nulle part un aussi grand nombre de Gérardow. Un tableau de ce Maître, représentant une femme mourante, est le morceau le plus fort de dessein & le plus fini qui soit sorti de son attelier. Parmi les tableaux des autres Ecoles, on distingue les Elémens de l'Albane, l'Enfant prodigue du Guerchin, l'Enlévement des Sabines du Bassan, &c. L'Ecole Françoise a décoré un Cabinet tout en glaces & en émaux, que le Roi affectionne singulièrement. Carle Vanloo y a représenté, sur de petits tableaux répandus parmi les glaces, les principaux événemens de la *Jérusalem délivrée*.

Dans une des salles, la table est suppléée par un monument unique d'antiquité Egyptienne : c'est la fameuse table Isiaque, dont les Antiquaires ont multiplié les copies & les descriptions. Le fond est de bronze relevé par des filets d'argent, dont les différens contours forment une multitude de hiéroglyphes distribués en divers compartimens : cette peinture, au simple trait, fut la première ébauche de l'art ; les Egyptiens y furent très-long-temps bornés : c'est notre peinture *à la Silhouette*. Nous dûmes la vûe de toutes ces belles choses à M. le Comte de Grosso-Cavallo,

Cavallo, Gentilhomme de la Chambre.

Le Roi & la Famille Royale ne mangent point en public: on ne les voit enſemble qu'aux offices de la Chapelle. Toute cette Famille, y compris la Princeſſe de Savoie, a un air de gaieté, de ſanté, d'union & de contentement que n'ont pas toutes les familles même particulières. Le Duc de Savoie, généreux comme un Souverain, & obligeant comme un particulier, eſt aimé & chéri au point que le Peuple s'imagine que le Roi ſon pere en marque quelquefois de la jalouſie. Il a une penſion aſſez modique, qu'il emploie au ſoulagement de tous les malheurs qui viennent à ſa connoiſſance: il fait même des dettes pour étendre ce genre de dépenſe. Il travaille beaucoup; ſes études & ſon goût ſe portent à l'art militaire: études perdues, ſi l'alliance entre la France & l'Autriche eſt de longue durée.

Toutes les Puiſſances de l'Europe ont alternativement ſenti ce que peut le génie du Roi dans le Cabi-

Tome I. D

TURIN.

net & dans les combats. Ce Prince régle lui-même la dépense de sa Maison : il influe directement sur les plus petites parties du Gouvernement : aucun détail politique ou économique ne lui est étranger. Tandis que nous étions à Turin, arriva à la Douane un ballot contenant toute l'édition d'un Livre imprimé à Lyon. C'étoient des Heures militaires, dédiées aux Militaires Piémontois, & imprimées par *duplicata* de l'édition de pareilles Heures dédiées aux Militaires de France, par les Jésuites de Lyon : l'une ne différoit de l'autre que par l'Epître dédicatoire. Avant la remise du ballot, le Roi s'étoit fait brocher un exemplaire de ces Heures ; & après l'avoir examiné, il avoit mis sur le ballot un *embargo*, dont les Jésuites désespéroient d'obtenir la main-levée.

En ce même temps mourut à Turin l'Archevêque de Cagliari : il avoit été neuf ans Jésuite, il s'étoit refait Jésuite en mourant, & les Jésuites l'enterrèrent chez eux habillé en Jésuite.

Observons à ce sujet qu'on retrouve à Turin l'ancien usage conservé en Italie, & abrogé dans la plus grande partie de la France, d'enterrer les morts à visage découvert : usage qu'il est étonnant que quelques aventures arrivées pendant notre séjour à Paris, n'ayent pas fait revivre en France. En effet, de quel poids peuvent être les actes mortuaires ? Qu'y attestent ceux qui les signent ? Ce sont des actes *de visu*, donnés par des Quinze-Vingts.

J'y ai aussi trouvé un usage essentiel à la sûreté publique, à l'égard des minutes des Notaires qui les portent de suite, & sans la moindre lacune, sur des Registres en papier timbré, cottés & paraphés par le Juge de la résidence de chaque Notaire*. Cela a lieu dans toute l'Italie,

---

* François I. par son Ordonnance de 1535, avoit introduit cet usage en France ; il avoit enjoint aux Notaires de tenir leurs minutes dans des Registres reliés & écrits tout d'*un Dastyle*. Ils ont depuis profité de l'Ordonnance d'Orléans, qui exige la signature des Parties, pour secouer le joug de celle de 1535, & tenir leurs minutes sur des feuilles volantes.

TURIN. & suppléée abondamment à la formalité & à l'objet du contrôle. On n'imagine ailleurs les précautions de cette nature, que lorsqu'elles peuvent rapporter quelque chose au Fisc.

Turin a une Université florissante. Le Roi Victor lui a élevé un très-beau bâtiment, dans lequel, outre les lieux & toutes les commodités nécessaires pour ses exercices, elle a une très-vaste Bibliothéque. Les portiques intérieurs de ce bâtiment sont remplis de bas-reliefs & d'inscriptions antiques, qui encastrés dans les murs, forment la tapisserie la plus convenable que l'on pût imaginer pour un lieu d'études : le feu Marquis Maffei donna l'idée de cette disposition. La plûpart de ces monumens antiques se tirent des ruines d'*Industria*, colonie Romaine qui n'est plus qu'un méchant village à une lieue de Turin. Ces ruines sont comme une mine qui ne s'épuise point.

Des monumens de cette espèce livrés en d'autre pays à la discrétion d'Ecoliers, n'y trouveroient pas le respect que le temps semble leur avoir gardé. Mais ce respect est dans le pays un des préjugés d'éducation : préjugé qui dispose heureusement la jeunesse à l'admiration des belles choses, & préjugé si général en Italie, qu'il s'étend jusqu'à la populace même.

L'appartement destiné à la Bibliothéque, est rempli d'une riche & nombreuse Collection de Livres : on y voit un Cabinet d'antiques, des Manuscrits Grecs & Latins du moyen âge, & une suite de vieux Romanciers François, enfin un Recueil contemporain des actes du Concile de Pise. Le fond de cette Collection étoit depuis long-temps dans la Maison de Savoie : il n'en est resté au Palais qu'un Lactance de la plus haute antiquité, & la table Isiaque. Le goût pour les richesses de cette espèce, porté en Savoie par Marguerite, fille de François I. & femme du Duc Philibert-Emmanuel, y fut entretenu par Christine, fille de Henri IV. Parmi les singularités rassemblées dans ce *Musæum*, on montre un petit Livre en vélin, dont chaque page présente un dessein historié de la main du fameux Jules Romain. Ce Recueil très-précieux par le nom de l'Artiste, par la finesse & par la pureté du dessein, est venu aux Ducs de Savoie, du Cabinet des anciens Ducs de Milan. L'Abbé Bartholi, connu par quelques Ouvrages d'érudition, a la garde de toutes ces belles choses: il en fait les honneurs avec cette assiduité, cette politesse & cette affabilité que l'on trouve à Paris à la Bibliothéque du Roi.

Ce Cabinet & la Bibliothéque de laquelle il dépend, sont ouverts tous les jours depuis le lever jusqu'au coucher du Soleil, excepté seulement les Fêtes & les Dimanches. Toutes les fois que j'y allai, je vis avec une surprise agréable, la Bibliothéque remplie de jeunes Ecclésiastiques lisant les Pères & les Ouvrages relatifs à la science de leur état. Les Piémontois nous dirent que ce goût pour les Lettres datoit chez eux des dernières années du regne du Roi Victor. Ce Prince ôta aux Jésuites la direction des Etudes, dans laquelle ils ont été remplacés par l'Université.

Une Thèse en Droit, à laquelle j'assistai, auroit pu me donner une idée de l'état de la science des Loix; mais comme c'étoit le premier latin que j'entendois au-delà des Alpes, je n'y compris presque rien. Il me parut seulement que le Soutenant possédoit assez le fond des matières, & qu'il tiroit de ce fond ses réponses aux difficultés: on m'assura même que ces réponses n'étoient point communiquées. La séance finit par une distribution de Sonnets imprimés à la louange du Soutenant.

Des Religieux de différens Ordres partagent avec des Séculiers les places de cette Université. Les Barnabites, appellés en Italie *Clercs réguliers de la Congrégation de Saint Paul*, y tiennent un rang distingué; leur considération est avantageusement soutenue par le P. *Gerdil*, connu par plusieurs Ouvrages, la plûpart philosophiques. Lorsque nous étions à Turin, il étoit question de lui pour la place de Précepteur du Prince de Piémont, place que le Roi l'a de-

D iv

puis forcé d'accepter. J'ai oüi très-peu de Sçavans parler des objets de leurs études, avec la netteté, la précision, le nerf & la simplicité que nous avons trouvés dans la conversation de ce Père ; le tout en françois, qu'il dit humblement ne sçavoir qu'autant qu'il est permis à un pauvre Savoyard d'y atteindre.

Nous vîmes aussi le P. *Beccaria*, sçavant d'un autre genre : nous le trouvâmes environné d'une foule de machines de toute espèce, qu'il nous dit être de son invention. Le Roi fait les frais de ces machines, destinées la plûpart à des expériences de physique.

Les plaisirs de la Cour & de la Ville sont très-peu bruyans à Turin. Quoique toutes les attentions & toutes les faveurs de la Cour soient pour le Militaire, la Noblesse en général est pauvre, & elle évite les grandes dépenses. Les Commerçans qui se plaignent qu'on les sacrifie aux Militaires, n'ont de ressources, pour faire ou soutenir leurs maisons, que l'économie & la frugalité. Au milieu de cette langueur, il regne toujours un peu de galanterie; mais c'eſt encore cette galanterie antique introduite à Turin par Madame Royale.

Nous nous trouvâmes à portée d'en voir un échantillon dans un jeune Docteur Bolonnois qui avoit fixé ſon ſéjour à Turin. Homme d'eſprit, bon Poëte, & amoureux comme le plus ſot de tous les hommes, l'objet de ſa tendreſſe étoit une jeune veuve. Dans les commencemens de ſon bonheur avec elle, c'eſt-à-dire, lorſqu'après deux ou trois mois d'aſſiduité conſtante, elle commençoit à ſouffrir qu'il lui baiſât la main, il lui préſenta un François établi depuis quelque temps à Turin, & dans lequel il croyoit avoir trouvé un ami auſſi ſûr qu'il imaginoit ſa Divinité fidelle. La Piémontoiſe fut bientôt arrangée avec le François. On ſouffrit le Docteur encore quelque temps : enfin, au moyen d'une querelle d'Allemand, ſa Belle le congédia, avec interdiction préciſe de ſa maiſon, de ſa rue, & même de ſa vue. Il prit pour confident & pour conſolateur ce même ami, qui ne paroiſſoit & qu'il ne croyoit occupé que de ſa réconciliation.

Bientôt confidens des deux Rivaux, nous voyions tous les jours le Docteur venir preſſer ſon ami de terminer ſa paix; chaque viſite étoit accompagnée d'une Piéce de vers, ſouvent très-bien tournée, & toûjours relative à ſa ſituation douloureuſe. Le François promettoit, donnoit des eſpérances, voyoit des lueurs, redoutoit des obſtacles, ſe chargeoit de remettre les vers, & finiſſoit en exhortant le Docteur à effacer, par la patience, tous les torts qui avoient attiré ſa diſgrace. L'exercice de cette vertu faiſoit perdre au pauvre Docteur l'appétit, le ſommeil, le ſoin même de toute affaire, & lui rempliſſoit le cerveau d'idées triſtes qu'il diſtilloit dans ſes vers.

Je lui demandois un jour ſi ſa Belle étoit digne de tout ce qu'il ſouffroit pour elle. Pour réponſe, il m'offrit une partie de promenade avec lui. En arrivant à un carrefour, il me dit que je priſſe bien garde, dans la rue où nous allions entrer, à la fenêtre d'un premier de la huitiéme ou neuviéme maison, & que j'y verrois l'objet de son martyre & de ma curiosité. Nous arrivâmes au bout de la rue: moi, sans avoir compté les maisons, parce que j'imaginois que, s'il appercevoit ce qu'il vouloit me faire voir, il me l'indiqueroit au moins par quelque signe; & lui, comme un Chat qui auroit marché sur de la braise, ou comme un Patient qui va au gibet. Lorsque nous fûmes hors de portée de la fatale maison, il s'arrêta & me sauta au col, me félicitant sur mon bonheur d'avoir joui d'une vue qui lui étoit interdite depuis deux mois. Je lui protestai que je n'avois rien vu, dans l'attente où j'étois qu'il m'indiqueroit où je devois jetter les yeux, & je lui proposai de retourner sur nos pas. Il rejetta cette proposition avec une espèce d'horreur, en disant que, pour les cinq doigts de la main qu'il me montroit, il ne voudroit pas, en retournant dans cette rue, gâter son affaire sans ressource. Ce manège étoit encore au même point lors de notre départ de Turin : il aura sans doute fini, lorsque le François, las de la Piémontoise, lui aura rendu son Docteur, qui heureusement ne s'étoit pas avisé d'être jaloux.

Telle est en général la galanterie d'Italie. On s'y ménage avec appareil les fureurs, les maux & toutes les miseres de l'amour, sans en sçavoir goûter les douceurs dans l'harmonie & dans l'accord des cœurs & des esprits ; cela tient vrai-semblablement du climat. L'amour, les besoins & toutes les passions y sont infiniment plus vives qu'en France & que dans le Nord. La légèreté, qui forme le caractère actuel de la galanterie françoise, est moins l'indice que l'équivalent ou le supplément de l'amour ; & ces longues amours, chantées par les vieux Romanciers, avoient sans doute leur principe dans des besoins plus soutenus que ceux d'aujourd'hui.

Ain la galanterie est encore à Turin telle à-peu-près qu'Hamilton l'a peinte dans les *Mémoires de Grammont*, ouvrage séducteur, qui honorant la fausseté, qui érigeant la perfidie en vertu, qui mettant dans le Peuple le secret de la Cour, a fait aux mœurs publiques de France une plaie qui de jour en jour devient plus étendue & plus profonde. Le Petit-Maître le plus bourgeois se croit un Comte de Grammont, & il agit en conséquence. Du *Sénantes*, si cruellement ridiculisé dans ces Mémoires, descend le Comte de Carail, l'un des premiers, des plus riches & des plus aimables Seigneurs de la Cour de Turin. Ce Seigneur fait bâtir actuellement un palais, où il ouvrira au Public une Bibliothéque aussi nombreuse que bien choisie.

Le Piémont conservera la mémoire du Roi Victor, aux mêmes titres que la France conserve celle de Louis XIV. Turin est rempli de monumens de la magnificence de ce Prince. Il a rebâti près de la moitié de cette Ville sur un plan uniforme. La meilleure partie des fortifications, les portes, l'Hôpital, l'Université, le Collége des Provinces, plusieurs Maisons Royales aux envi-

TURIN.

rons de Turin, sont des ouvrages de son regne. Enfin il a bâti pour sa sépulture une très-belle Eglise, desservie par une nombreuse Communauté de Prêtres séculiers. Cette Eglise & la Maison de ces Prêtres forment un corps de bâtimens isolé, dans le goût des Invalides : ils occupent le sommet d'une haute montagne à l'Est de Turin. Ils sont l'exécution d'un vœu que, lors du siége de Turin par le Duc d'Orléans, le Roi Victor fit à une petite Madonne honorée en ce lieu, & qui, dans cette affaire, fut aussi peu bonne Françoise, que la Princesse à qui le Peuple de France attribue la levée de ce fameux siége. En élevant ce monument, le Roi Victor vouloit joûter de grandeur avec le Roi de France. Mais si l'on compare la *Superga* aux bâtimens dans lesquels Louis XIV. n'a consulté que son goût pour la magnificence, c'est un effort contre nature : si on la met en comparaison avec les Invalides, c'est un monument de pure vanité, sans aucun objet d'utilité.

Dans l'Eglise des Augustins de

Turin, on voit, à côté de l'Autel, le buste en marbre & l'épitaphe du Cardinal de Tournon *. Au bas de l'épitaphe est gravée une partie du Discours latin prononcé en Consistoire par Clément XI. sur la mort de ce Cardinal.

Les Turinois sont regardés par les Italiens comme les Gascons de l'Italie : en effet, ils ressemblent au-

---

* Voici cette Epitaphe :

D. O. M.

CAROLO-THOMÆ MAILLARD, CARD. DE TOURNON, PATRIARCH. ANTIOCH. LEGAT. APOSTOL. *& apud Sinas amplificandæ fidei assertori fortissimo, qui adusque Orientis extrema, longâ ac difficili navigatione transvectus, quùm ibi pro religione & eliminandis erroribus viriliter decertaret, à Clementis XI. cujus jussu arduam sanè provinciam susceperat, ad Romanæ Ecclesiæ purpuram assumptus, diuturni carceris angustias, laudabili ac gloriosâ morte, nusquàm famâ moriturus, evasit, Macai 8 Jun. anno 1711.*

FELIX-EMMANUEL, Marchio de Tournon, frater, hoc amoris & doloris monumentum posuit, anno 1412.

TURIN. tant aux derniers, qu'ils diffèrent des premiers par l'industrie & par l'activité. Quant au fonds du caractère, ils sont purs Italiens. On trouve, dès Turin, une gaieté qui ne ressemble plus à celle de France; c'est une gaieté mélancolique, sournoise & concentrée, une gaieté de chat, une gaieté toute à soi, & qui ne sçait point se répandre dans la société. Des promenades solitaires, des Bâteleurs & des Saltimbanques suffisent pour la repaître & pour l'entretenir. La sottise réelle, ou qu'elle croit telle, est son aliment le plus délicieux : elle s'en amuse par de vieilles histoires ou par des contes forgés sur le champ, & qu'elle a le talent de faire durer aussi long-temps qu'il lui plaît. Pour bien démêler ce genre singulier de gaieté, il faut sçavoir s'y prêter; & l'on s'y prête d'autant mieux que l'on a l'air & le ton plus niais* & plus crédule. Avec cet air & ce ton, je me suis très-souvent diverti d'Italiens fortement

_____

* Voyez les *Réflexions Morales* de M. D. L. R. Réfl. CCXLIX.

persuadés qu'ils ne s'amusoient que pour leur compte.

Le Piémont est régi, 1°. par des Statuts ou Coutumes locales; 2°. par le Droit Ecrit, dans les cas que les Statuts n'ont pas réglés; 3°. par des Ordonnances rendues en différens temps. Le Roi Victor en a rendu plusieurs qui tendent à abréger & à diminuer les procès, en réglant la procédure, & en fixant la Jurisprudence sur les points les plus usuels. La plus célèbre des Loix de ce Prince, est de l'année 1729. Par un article de cette Loi, tout fideicommis ou substitution est interdit aux Roturiers & nouveaux Nobles: article important, & que, pour de grandes raisons, plus d'un grand Etat devroit adopter. En effet, qu'importe à l'Etat la conservation de biens dont la dissipation est souvent de justice, du bon ordre & de bon exemple!

La soie crue est le fond du commerce de Turin. On n'y fabrique que quelques étoffes de soie plus brillantes que solides, & qui se répandent dans toute l'Italie, où on

TURIN. les emploie en meubles: on y fait aussi des bas de soie d'une qualité supérieure à celle des bas de Paris & du Languedoc; ils commencent à être connus & recherchés en France. Cette fabrique se forma dans la dernière guerre, (c'est-à-dire, vers les années 1745 ou 1746,) des débris de celle de Gênes.

Les Lyonnois, en échange d'une partie des organcins qu'ils tirent de Turin, y font passer quelques étoffes de leur manufacture. Quant aux toiles & à la draperie, il y a quinze années que ce commerce est rompu entre Turin & la France. Cette Ville avoit eu jusqu'alors quelques magasins de toiles de France qu'elle versoit à la Foire d'Alexandrie. Les Suisses ont entièrement envahi ce commerce. Le vil prix des toiles de Suisse, le brillant de celles de Silésie ont fait oublier la bonne qualité des toiles de France, dont les bons économes se souviennent avec regret.

Quant à la draperie, les Anglois en sont maîtres depuis long-temps. Seroit-ce l'effet de *cette haine* & de cette *antipathie* qu'Adisson prétend avoir observée dans les Piémontois pour la France ? Ou Adisson a observé avec un œil trop anglois, ou les Piémontois se sont extrêmement radoucis. Sur tous ces objets très-importans, qui voit Turin, voit toute l'Italie.

LOMBARDIE.
VERCEIL, NOVARRE, PAVIE & LODI.

Mes observations sur ces Villes de la Lombardie, ne seront pas fort étendues.

Nous fûmes retenus à Verceil, par un débordement subit de la Secchia. C'étoit un Dimanche, nous étions dans le mois de Juillet, & nous y eûmes le spectacle d'une Procession de la Fête-Dieu. Cette fête étoit déja passée; mais les Paroisses de cette Ville se sont arrangées de manière que chacune d'elles, suivant son rang de prééminence, fait par tour sa Procession dans les Dimanches qui suivent la Fête-Dieu : Procession générale, parce que toutes les Paroisses se réunissent à celle qui est en tour. Si cet arrangement prenoit à Paris, on y verroit, pendant une partie de l'année, des Processions générales de la Fête-Dieu. Celle de Novarre tira des maifons les filles de la Bourgeoisie, qui ne se montrent pas ordinairement dans les rues. Le sang de cette Bourgeoisie est très-beau; ce sont toutes brunes de diverses nuances: la vivacité de leurs yeux & l'éclat de leur teint étoient relevés par une coëffure à la grecque, c'est-à-dire, en cheveux. La Nature qui fait presque tous les frais de cette coëffure, y réussit mieux que tout l'art des Coëffeuses de Paris. Sous les Romains, dans la partie, sans doute, des Alpes qui l'avoisine, le territoire de Verceil avoit des mines d'or en valeur.

Plin. hist. l. 30. c. 4.

NOVARRE me donna un spectacle qui m'embarrassa beaucoup, & que je trouvai depuis dans d'autres Villes du Milanès. Les Charniers de ce pays, où l'on rassemble les os des morts, sont des espèces de Chapelles où ces os symmétriquement arrangés dans des layettes ornées de papier doré & marbré, offrent le même coup d'œil que de jolis Cabinets d'Histoire naturelle. A ces layettes étoient suspendus par espaces égaux, & avec le même goût de symmétrie, des stilets, des poignards, des dagues, des couteaux, le tout plus ou moins rouillé. On m'expliqua le mystère de tout cela, en m'apprenant que, lorsque deux ennemis se laissoient réconcilier, ils venoient le soir devant ces Chapelles, s'y embrassoient, & que, pour preuve de réconciliation entière & parfaite, ils jettoient chacun dans le Charnier les stilets ou couteaux qui devoient être les ministres de leurs vengeances. Ensuite le Custode de l'Eglise trouvant ces armes à terre, les releve, & les suspend aux layettes des Charniers pour le bon exemple*.

On me dit aussi, & je me suis trouvé depuis à portée de le vérifier, que les Italiens ont une très-grande confiance dans les ames du Purgatoire qu'ils invoquent, tandis qu'en France on prie pour elles; ensorte qu'en Italie, la fête des Trépassés est moins un jour de prières pour les morts, que pour les vivans.

---

* Voyez ci-après l'article de MILAN.

Le Peuple ne parle de ces ames, que sous le nom de *Santiſſime anime Purganti*, & les pauvres demandent l'aumône plus communément au nom *delle anime Purganti*, qu'au nom de Dieu ; de-là, le reſpect & la vénération pour les os des morts, le fort emportant le foible.

Dans ces Villes, ainſi que dans toutes celles de l'Etat de Milan, la Douane eſt non un droit de viſite, mais un titre d'exaction contre les Voyageurs. En y entrant, on vous demande, non l'ouverture de vos valiſes, mais *la buona mancia per il Signor official della dogana :* on vous la demande encore en ſortant, & les inſtances d'abord polies & enſuite menaçantes des Gardes des portes, durent juſqu'à ce que les Voyageurs aguerris pourſuivent leur chemin, ſans paroître y faire attention. Dans les Etats du Pape, on préſente à la porte de chaque Ville un bulletin imprimé, au bas duquel on lit GRA-TIS, & on vous le fait payer. Dans ceux de Veniſe & de Naples, on n'exige point d'argent ; mais tant de choſes y ſont déclarées contre-

LOMBARDIE.

bande, la visite est si exacte & si rigoureuse, que ceux même qui n'ont point de contrebande, regrettent les pays où l'argent rachete la visite.

Le Lodésan, canton peut-être le plus fertile de l'Europe, est devenu, ainsi que le Pavésan, frontière des cessions faites au Roi de Sardaigne par les derniers Traités; & ce voisinage, en le ruinant, lui fait désirer de passer aussi sous la domination de Savoie. Cette Puissance a chargé sa frontière de daces, d'impôts, de péages sur tous les objets d'importation & d'exportation; ensorte que les Lodésans & les Pavésans achetent, en quelque sorte, le bled, le foin, les feuilles de Mûrier, & toutes les denrées que produisent leurs propres héritages, ce qui les force communément à les abandonner à vil prix aux sujets du Roi de Sardaigne. La condition de Pavie est la plus critique. Les terres du Roi de Sardaigne s'avancent jusqu'aux portes de cette Ville *, dont les habi-

---

* *Vomere portam Ticini perstrinxit.* Cic. Phil. 2.

tans sont obligés d'acheter, par le payement des droits qu'exige ce Prince, les fruits mêmes de leurs jardins.

Depuis ces arrangemens qui prouvent l'avantage que donne dans les Traités, la connoissance intime des lieux & du terrein, Pavie & Lodi se sont dépeuplées de moitié; & leurs campagnes, qui ne demandent que des mains, sont sur le point d'en manquer.

L'alliance de la France & de l'Autriche influe encore sur la Lombardie, en tarissant les sources qui, à chaque guerre, c'est-à-dire, environ tous les vingt ans, lui portoient l'argent de France, d'Espagne & d'Allemagne.

Les Lombards le sentent vivement, & leurs allarmes à ce sujet sont plus raisonnables & plus sensées que les gémissemens des Poëtes & des Beaux-Esprits Italiens sur la malheureuse condition de leur patrie, autrefois Reine de l'Univers, devenue aujourd'hui le champ de bataille & la proie de plusieurs Nations qui furent autrefois ses esclaves*. Ces gémissemens ne sont nulle part aussi fortement exprimés que dans un Sonnet du Filicaïa : Sonnet que presque tous les Italiens sçavent par cœur, que l'Abbé Regnier Desmarais a essayé de traduire en Latin, & qui étant peut-être le chef-d'œuvre de ce genre de Poësie, si commun en Italie, ne sera point ici déplacé.

Le voici :

Italia, Italia, ò tu cui feò la sorte
Dono infelice di bellezza, ond' hai
Funesta dote d'infiniti guai
Che in fronte scritti per gran doglia porti.

Deh! fossi tu men bella, ò almeno men forte
Onde assai più ti paventasse, ò assai
T'amasse men chi del tuo bello à i rai
Par che si strugga, è pur ti sfida à morte!

Che or giù dell' Alpi non vedrei torrenti
Scender d'armati, ne di sangue tinta
Bever l'onda del Pò Gallici armenti.

---

* Voyez le début du XXXIVe Chant de l'*Orlando furioso* :

O famelice, inique, e fiere Harpie, &c.

[marginal: LOMBARDIE.]

Ne te vedrei del non tuo ferro cinta
Pugnar col braccio di straniere genti,
Per servir sempre, ò vincitrice ò vitta.

LOMBARDIE.

TRADUCTION

De l'Abbé REGNIER DESMARAIS.

Italia, infausto cœli quæ munere pulchra,
Huic referenda vides uni infortunia doti:
Quæ te cumque premunt à fronte inscripta
   leguntur.
O utinam, vel pulchra minùs vel fortior esses,
Ut vel amare minùs, vel te magis ille timere
Disceret, exitium qui victus amore minatur!
Non ego nunc ruere Alpinis effusa viderem
Castra jugis, non Eridanum nunc sanguine
   fœdum
Strage recens biberet Gallus ; nec milite cincta
Non proprio, externâ tentares prælia dextrâ,
Ut victrix, seu victa, jugo des colla superbo.

On trouve parmi les Poësies du même Auteur, quatre autres Sonnets & une *Canzone* sur le même sujet: le sentiment y est aussi profond, les idées aussi élevées, & le style aussi énergique. Les Italiens sont partagés entre le Sonnet qu'on vient de

LOMBARDIE. lire, & celui qui le suit dans le Recueil du Filicaïa. Je vais le joindre au premier, & comme piéce de comparaison, & comme expression ingénue de ce que pensent les Italiens des François & des Allemands, & de leurs guerres en Italie.

Voilà cet autre Sonnet:

Dov'è, Italia, il tuo braccio, è à che ti servi
Tu dell' altrui? Non è, s' iò sorgo il vero,
Di chi t'offende il diffensor men fero:
Ambo nemici sono, ambo fur servi.

Così dunque l'onor, così conservi
Gli avanzi tu del glorioso Impero!
Così al valor, al valor primiero
Chè à te la fede giurò, la fede osservi!

Or và: repudia il valor prisco, è sposa
L'Ozio; è fra sangue, i gemiti, è le strida,
Nel periglio maggior dormi è riposa.

Dormi, adultera vil, fin che omicida
Spada ultrice ti svegli; è sonnachiosa
E nuda in braccio al tuo fedel t'uccida.

Le Politique le plus consommé que l'Italie & peut-être l'Europe ayent eu parmi les Princes des derniers siécles, l'illustre Laurent de Médicis, forma le projet d'éloigner les Nations Ultramontaines de l'Italie, qui, ayant chez elle les plus importantes Manufactures de l'Europe, n'attendoit pas, pour subsister, l'argent que lui apportoient les armées de ces Nations. Il exécuta ce projet qu'il maintint tant qu'il vécut, & par la balance de pouvoir qu'il établit entre les Puissances de l'Italie, & par la considération personnelle dont il jouissoit dans tous les Cabinets des Cours étrangères *.

On nous fit voir à Lodi, la maison, la chambre & le lit, où, suivant la tradition, François I. prit, avec une belle Boulangère, la maladie qui le conduisit au tombeau. Cette maison encore habitée par un Boulanger, occupe un coin de la

---

* *Mortuo Lorenzo, comminciarono à nascere quei cattivi semi, i quali non doppo molto tempo (non sendo già vivo chi sapesse spegnerli) rovinarono, ed anchora rovinano la Italia.* C'est par cette observation fondée en faits, dont il avoit été le témoin, que Machiavel termine son Histoire de Florence.

LOMBARDIE. place qui fait face à l'Eglise Cathédrale.

Dans les premières Villes que l'on rencontre en Lombardie, on trouve déja un goût décidé pour la Musique. Tout le monde y joue du violon, avec tous les harpégemens & tous les démanchemens: l'Office même des Eglises de Village a tout l'air d'un concert, chacun y chantant sa partie, suivant la portée de sa voix, & l'Orgue formant, par des sons pleins & soutenus, la basse de toutes ces parties. Plus on avance en Italie, & plus ce goût paroît augmenter en vivacité: ensorte que, relativement à ce goût & à la perfection qui le suit proportionnellement, l'Italie peut être comparée à un Diapason dont Naples tient l'octave. La passion des Italiens pour l'harmonie, tient à leur tempérament & à la mélancolie qui le domine. La Musique est pour eux un besoin habituel & un reméde nécessaire; elle les remue, elle opère réellement sur eux tous les effets dont on lui fait honneur à l'égard de ceux qui ont été piqués de la Tarentule:

accident qui peut-être n'est autre chose en soi-même qu'un violent accès de mélancolie hypocondriaque. L'aptitude des Italiens pour la Poësie & pour les beaux Arts, leur esprit de suite qui n'est pas donné à toutes les Nations, leur attachement & leur persévérance opiniâtre dans les objets de leurs études & de leurs amusemens, ont la même source & le même principe : ce que nous aurons occasion de développer, à mesure que ces différens objets se présenteront sur notre route.

MILAN.

VERCEIL, Novarre, Lodi, Milan ont une origine commune. Tous les Auteurs s'accordent à la rapporter aux Gaulois, transplantés en Lombardie, dans la fameuse expédition de Sigovèse & de Bellovèse. L'opinion commune sur l'étymologie du nom de Milan (*Mediolanum*), a toute l'incertitude de ce genre de conjectures. On la tire d'une *Truye couverte de laine*, que Milan avoit originairement pour armes, comme elle a aujourd'hui la *Givre*: au reste, cette opinion n'est pas nouvelle *.

L'Archevêque de Milan fut longtemps Métropolitain de toute la Lombardie: le peuple l'élisoit, & les Empereurs le confirmoient. Enfin, sous l'Empereur Henri II. les Papes s'emparèrent de cette confir-

---

* Claudien dit de Milan:

Mœnia Gallis
Condita lanigeræ suis ostentantia pellem.

mation, par l'entremife du fameux Pierre Damien; & dans le treizième fiécle, ils démembrèrent Gênes & Bobbio de la Métropole de Milan, pour ériger Gênes en Archevêché.

Pour peu qu'on fe rappelle les défaftres de cette grande Ville, pillée, faccagée, renverfée fucceffivement par les Goths, par les Huns, par les Lombards, par les fucceffeurs de Charlemagne, par les Empereurs de la Maifon de Suabe, fouvent ruinée par fes divifions inteftines, par fes ambitieufes entreprifes, & par fes expéditions malheureufes, on fera porté à féliciter fes habitans actuels, & fur la tranquillité dont ils jouiffent, & fur leur humeur pacifique.

De la comparaifon de leur état préfent avec leur état paffé, naît un problême qui peut occuper les fpéculatifs. Milan ne fut jamais plus peuplé, plus riche, plus floriffant que dans les temps de fes plus grands défaftres. Il en étoit ainfi de toute l'Italie, au milieu du feu des guerres des Guelphes & des Gibelins. Si nous

portons nos regards hors de l'Italie, la Grèce étoit une fourmilière d'hommes, dans ces siécles brillans où tous ses Peuples, ou toutes ses Villes en armes, signaloient chaque année par des victoires & par des avantages sur leurs voisins. Dans des siécles moins éloignés de nous, la France n'a pu revenir au point où sa population étoit arrivée au milieu des guerres civiles qui la déchirèrent sous les enfans de Henri II. La paix & le calme qui la suit, seroient-ils donc contraires à la population ? Par quelle raison morale ou physique, les dissensions intestines, les guerres de Ville à Ville, de Citoyen à Citoyen, lui seroient-elles favorables ? Peut-on, par quelque approximation, appliquer à ce problême, les causes auxquelles M. le Président Hénault rapporte le concours de grands Hommes en tous les genres, que produisent ces siécles orageux que nous n'aimons que dans l'Histoire ? » Dans ces temps de crise, dit cet élégant & profond Historien, » les événemens heureux & malheu-
» reux mille fois répétés, fortifient

» l'ame, augmentent son ressort,
» ne lui laissent rien voir où elle ne
» puisse atteindre, & lui impriment
» ce désir de gloire qui ne manque
» jamais de produire de grandes cho-
» ses. «

Les Visconti, Vicaires de l'Empire dans le Milanès, s'en approprièrent la souveraineté vers la fin du treizième siécle, c'est-à-dire, dans le temps où les Rois de France travailloient le plus efficacement à rassembler les parties éparses de leur Royaume, que de pareilles usurpations avoient démembré depuis trois siécles.

L'exemple des Visconti fut contagieux. Toutes les Villes d'Italie s'érigèrent en Républiques indépendantes, constamment divisées au-dedans, perpétuellement en guerre au-dehors, unies ou séparées entre elles par des alliances ou par des inimitiés politiques, alternativement conquérantes ou conquises, & passant, par un flux & reflux continuel, de la liberté à la servitude, & de la servitude à la liberté. Dans ces tumultueuses Démocraties, la force ouverte ou le manége le plus délié mettoit à la tête de l'Etat, ou des Citoyens puissans ou des Soldats heureux, qui sans cesse aux mains avec des compétiteurs assurés d'un parti, travailloient plus ou moins heureusement à perpétuer la principauté dans leur famille. Le peuple entroit pour beaucoup dans ces révolutions; mais les plus grands dangers au-dehors & au-dedans étoient pour ses chefs, à qui il sçavoit en imposer, lors même que leur autorité paroissoit le mieux affermie. Et l'on voit par-là, combien, dans le peuple même, les têtes Italiennes sont plus politiques que les têtes de France & de nos climats septentrionaux. Tout le peuple de ces derniers pays devint esclave des usurpateurs qui démembrèrent l'Empire de Charlemagne: il ne pensa point, comme les Italiens, à défendre une liberté que ses nouveaux Maîtres n'étoient pas en état de lui enlever de vive force.

En vain diroit-on que, lors de la révolution, tout ce peuple étoit déja serf. Cette objection se tourneroit en preuve, puisqu'en remontant à Charlemagne, la condition des peuples de France & d'Allemagne étoit la même que celles des peuples de la Lombardie; & que, depuis cet Empereur, le droit & le gouvernement féodal s'étoient établis également dans tous les pays qu'il avoit réunis sous sa domination. Sous la décadence de la race Carlienne, des conseils réfléchis, des démarches combinées, des coups hardis assurèrent la liberté des Peuples Ultramontains, tandis que ceux de France & d'Allemagne couroient à la servitude, d'où l'autorité souveraine les a tirés, à mesure qu'elle s'est affermie. Cet état d'anarchie, état violent, mais état heureux pour toute Nation jalouse de sa liberté, dura jusqu'au passage des François en Lombardie, où bientôt ils attirèrent les autres Puissances étrangères : *Toute l'Italie se tût à leur apparition* *.

Le génie des Italiens électrisé, pour ainsi dire, par le choc perpé-

---

* *Siluit terra in conspectu eorum.* Machab.

tuel de révolutions continues, se tourna vers les Arts & les Lettres, & il y porta cette chaleur vivifiante, qui produisit tout-à-coup des chefs-d'œuvre immortels dans tous les genres.

Milan avoit jetté les premiers fondemens de sa liberté, dès la fin du dixiéme siécle, par des brouilleries, & ensuite par de petites guerres avec ses Evêques, à qui les Empereurs Allemands avoient confié leur autorité. Dans le siécle suivant, Adalbert, Roi d'Italie, consentit à ne point entrer dans les murs de Milan, par la raison imaginaire que, depuis que Saint Ambroise en avoit chassé Théodose, aucun Empereur n'avoit osé s'y montrer.

Le douziéme siécle nous offre un abus encore plus marqué de ce grand exemple. Giordano, Archevêque de Milan, ferma à son peuple les portes dont Saint Ambroise avoit refusé l'entrée à Théodose*, dans la vûe d'engager ce peuple à le venger, par le fer & par le feu, des

* Voyez Muratori *Dissertazion.*

habitans de Parme dont il avoit à se plaindre. Cette sainte démarche eut son effet : Parme fut mise à feu & à sang.

Milan occupe le centre d'un quarré long fermé au Nord par les montagnes des Grisons, à l'Est & à l'Ouest par l'Adda & le Tésin qui sortent de ces montagnes, & au Sud, par le Pô qui les reçoit. C'est peut-être la seule Ville de l'Univers bâtie au milieu d'une plaine, sans fleuve ni rivière qui puisse servir à sa défense ou à son commerce. Pour trouver une raison à cette situation singulière, j'imagine que les habitans de cette plaine, poussés par un ennemi maître des montagnes & des trois fleuves ou rivières qui la bornent, se seront réunis au centre de cette plaine, y auront élevé quelque rempart ou fortification pour leur défense commune, & qu'accoutumés à vivre ensemble, ils auront préféré la vie de société à la solitude de leurs habitations isolées.

L'art a depuis procuré à Milan les avantages auxquels ses Fondateurs sembloient avoir renoncé,

MILAN. Deux canaux navigables, tirés, l'un de l'Adda, l'autre du Téſin, le lient à ces deux rivières, & lui aſſurent tous les avantages qu'une grande Ville peut tirer d'une rivière ſur laquelle elle ſeroit bâtie, ſans en reſſentir les incommodités. Des Milanois m'ont aſſuré que ces canaux étoient l'ouvrage des François ſous Louis XII. & ſous François I. ce qui paroît d'autant plus étonnant, que les François n'ont ſongé que très-long-temps depuis à de pareilles entrepriſes pour eux-mêmes, dans leur propre pays. Ils imaginèrent apparemment la *Marthéſana* & la *Théſinina*, comme M. Guillaume imaginoit les couleurs de ſes draps. Au moins eſt-il certain que l'idée & l'exécution du canal de l'Adda ou de la Marthéſana ſont du célèbre *Léonard de Vinci*, qui ſçavoit plus que crayonner & marier des couleurs.

D'une entrepriſe de cette nature, exécutée ſous les auſpices de la France, dans un pays de conquête, on peut conclure : 1°. que le génie françois ne fut pas toujours aussi destructeur que le pensent les Italiens; 2°. qu'il n'a manqué à la France que des Léonard de Vinci, pour qu'elle formât moins tard de grands projets pour elle-même.

Après sa situation, Milan n'a rien de plus singulièrement merveilleux que son *Dôme* ou Cathédrale, presque aussi vaste que Saint Pierre de Rome. Tous les voyageurs en ont parlé : tous disent & diront encore long-temps, que depuis près de quatre siécles qu'on y travaille, elle n'est pas encore terminée *. Plusieurs parties tombent de vétusté, tandis que d'autres sont encore à finir. En attendant que l'on pense au portail, on s'occupe de pyramides immenses découpées à jour, & qui doivent couronner chaque pilier buttant ; de statues dont cet édifice a déja plusieurs

---

* L'Epigramme de Martial,

Eutrapelus tonsor dùm circuit ora Luperci,
   Expungitque genas, altera barba subit.

semble faite pour cet édifice.

milliers, tant en dedans qu'en dehors; de figures & d'ornemens qui décorent certains percés par lesquels toutes les parties supérieures se communiquent: piéces aussi finies que les morceaux d'Orfévrerie les plus recherchés, & que l'on est très-étonné de trouver-là. En ajoutant que l'édifice est, dans toutes ses parties, du plus beau marbre de Carare *, il est aisé d'imaginer comment on a plus dépensé pour ne le pas terminer, qu'il n'en a coûté pour mettre Saint Pierre de Rome dans l'état où on le voit aujourd'hui. En un mot, ce bâtiment sans exemple dans l'Histoire ancienne & moderne, profane & ecclésiastique, ressemble à un géant qui, avec un surtout de brocard chamarré des plus riches agrémens d'or, les doigts garnis de diamans & des pierres les plus précieuses, manqueroit de chaussure, ou des vêtemens les plus nécessaires; & il sera dans

───────────

* La masse de l'édifice est d'un marbre salin, qui se tire des environs du Lac Majeur.

cet état, jusqu'à ce que quelque Souverain s'emparant des fonds légués pour cette œuvre, les fasse employer à la mettre à fin. On nous dit que le Comte Christiani y pensoit très-sérieusement, peu de temps avant sa mort.

Il ne manque à Milan que le Pape, pour mettre cette Ville en état de disputer à celle de Rome le titre *de sainte*, dont elle se glorifie. Les Eglises, les Monastères, les Séminaires, les Chapelles de Pénitens, les Colléges, les Confréries, les Ecoles de toutes sortes & de toutes couleurs, y sont sans nombre. On y vend chaque année un Almanach de dévotion, uniquement destiné à indiquer les Stations, les Saluts, les Octaves, les Indulgences que l'on trouve tous les jours dans l'enceinte de Milan, dont au moins la moitié est occupée par des bâtimens ou maisons consacrées à la Religion. Les Moines Ambrosiens, avec une maison immense bâtie par le Bramante, en ont, depuis le commencement de ce siécle, élevé une autre, qui ne le céde à la première ni en grandeur, ni en

MILAN. magnificence, & dont à peine ils occupent le tiers; & sous prétexte que cette dernière n'est pas en bon air, ils jettent actuellement les fondemens d'une troisiéme, qui ne le cédera en rien aux deux autres. Les Jésuites ont cinq maisons*, qui enchérissent l'une sur l'autre en somptuosité. Les autres Ordres Religieux étalent le même luxe à proportion de leurs richesses, de leur crédit & de leur sçavoir-faire: de maniére que, si le nombre & la magnificence des Eglises étoient de sûrs indices de l'opulence d'une Ville, Milan seroit une des Villes les plus riches de l'Europe, comme elle en est une des plus grandes.

Il est fâcheux que les Bénédictins

---

* Leur immense & superbe Collége de la *Bréra*, fut la maison même de ces *Humiliés*, à qui Saint Charles déplut, & qui l'assassinèrent. *Si quelqu'un devoit enterrer le grand Corneille, c'étoit vous, Monsieur,* disoit-on à Racine, pour le consoler de ce que le sort avoit choisi un autre Académicien que lui, pour faire les honneurs du Service célébré par l'Académie Françoise à la mort de Pierre Corneille. *NN. de la R. P. des Lettr.* 1685.

de Saint Maur & de Saint Vanne, qui, depuis quatre-vingt ans, écrasent la France par des masses de pierre* peu capables de donner à la postérité une haute idée de la légèreté du goût françois dans le dix-huitiéme siécle; il est, disje, fâcheux que ces Moines bâtisseurs ne soient pas venus prendre à Milan quelques idées qui eussent pu dégrossir celles qui appesantissent toutes leurs constructions. Saint Charles leur eût fourni des modèles qu'ils eussent pu suivre, sans faire tort ni à leur goût, ni à leur amour pour la régularité. La plus belle architecture y annoblit les distributions, les dégagemens, les commodités & tous les détails qu'exigent les Maisons Religieuses. Le Méla & le Pélégrini,

---

* La plûpart sur les desseins d'Ingénieurs des Ponts & Chaussées. Voyez le nouveau bâtiment de Marmoutier, dont tout le rez de chaussée, maçonné avec autant de dépense que de pesanteur, ne peut plus servir que de celliers. L'Ingénieur n'a pas même consulté la position du terrain, c'est-à-dire, la première chose que tout Architecte doit prendre en considération.

MILAN. Architectes de ce grand Prélat, travailloient pour lui, comme s'ils eussent travaillé pour l'homme le plus clairvoyant & le plus difficile. Cependant, suivant la tradition de Milan, il n'a jamais vu les édifices qu'il faisoit élever. Plein des objets de leur destination, s'il paroissoit quelquefois dans les atteliers, c'étoit pour animer les Ouvriers par sa présence & par ses libéralités : jamais, dit-on, il ne leva les yeux sur l'ouvrage.

Milan a ses principaux embellissemens dans les établissemens de ce Prélat & du Cardinal Frédéric Borromée, son neveu. Tout y est plein des monumens de leur piété solide, de leur tendre compassion pour les maux de l'humanité, de leur amour éclairé pour les Lettres & pour les Arts: on peut dire, à tous ces égards, *Borromæorum omnia plena*. Il est peu honorable pour les successeurs de ces deux grands Prélats, que la première cour du grand Séminaire & le Collége Helvétique ne soient point encore terminés.

Le goût pour les édifices publics,

goût que les Romains appelloient *publicam magnificentiam*, en y opposant *privatam luxuriem*, s'étend à Milan jusqu'aux simples particuliers. Un Marchand, nommé *Cottoni*, a fait bâtir, avec une magnificence royale, la cour du grand Hôpital. Un carrefour dans le quartier de l'auberge *del Pozzo*, où nous logions, étoit étranglé par une maison qui, s'avançant sur ce carrefour, & masquant trois rues, faisoit un coupe-gorge de ce quartier, qui en avoit pris le nom de *Mal-cantone*: un Marchand appellé *Maranzani*, ayant femme & enfans, a acheté cette maison, qu'il a fait démolir pour la commodité & pour la sûreté publique. Les mêmes vûes lui ont fait rebâtir à ses frais le *Ponte de' Fabri*: cependant sa demeure n'étoit à la portée ni du *Mal-cantone*, ni du *Ponte de' Fabri*.

Annone, homme du même état, vient de faire bâtir à ses frais les *Nuovi sepolcri*, édifice dont l'idée singulière est justifiée par le grand effet des proportions. C'est un cimetière public, à peu de distance de Milan: sa forme est un grand ovale, dont le milieu est occupé par une très-jolie Chapelle entièrement isolée. Dans l'intérieur de l'ovale, regne autour du mur qui l'enveloppe, un vaste portique que couronne une balustrade continue. Le sol de ce portique couvre une suite de grands cavaux que l'on emplit, & que l'on vuidera successivement. A chaque entre-colonnement, répond une fenêtre percée dans le mur : toutes ces fenêtres offrent des points de vûe, dont la riche variété est bien capable de faire diversion aux pensées lugubres que l'on y vient chercher. Le culte que les Italiens rendent aux ames du Purgatoire, a fait de ce cimetière un lieu de dévotion des plus fréquentés. Par sa forme, ce sépulchre, ou plutôt ce riche mausolée, ressemble assez aux théâtres qui nous restent de l'Antiquité ; & lorsque le ravage des temps l'aura réduit à l'état où sont aujourd'hui ces théâtres, sa ressemblance avec eux pourra faire illusion à plus d'un Antiquaire. En attendant, il pourroit, dans une révolution, tenir lieu de citadelle : ce qui est souvent arrivé aux théâtres antiques,

antiques, & a précipité leur ruine. Une troupe de braves qui s'y jetteroit avec des vivres & des munitions, pourroit y tenir & beaucoup embarrasser le parti contraire : peut-être n'a-t-on pas assez pensé à cela, en choisissant pour cet édifice l'emplacement qu'il occupe. J'oubliois de dire que l'*Annone* à qui on le doit, ainsi que le *Cottoni* qui a bâti la cour du grand Hôpital, étoient sans enfans.

Tous les voyages d'Italie offrent des détails sur la Bibliothéque Ambrosienne, & sur la Collection de tableaux & de statues qui en dépend. Avant que de me montrer cette Collection, l'homme qui en a la garde me demanda tout uniment combien je comptois lui donner *per la buona mancia* *. Pour m'amuser de sa fran-

---

* Ce mot se prononce en Lombardie, *Manza*. On le fait communément dériver de *buona mano*, qui lui est à-peu-près synonyme. Muratori le tire d'*Amanza*, qui veut dire en François *bonne amitié*, *galanterie*. Un très-vieux Poëte Italien, *Frà Jacopone di Todi*, s'est servi de ce terme en ce sens :

Non è verace acquisto,

MILAN.

chise intéressée, je marchandai avec lui, & nous convînmes enfin d'une somme qu'il voulut recevoir d'avance, & que je lui donnai.

Comme Dieu ne m'a pas fait la même grace qu'il paroît avoir faite à tous les Parisiens que j'ai vu prononcer, trancher & décider sur le mérite & sur les défauts des ouvrages de peinture, sans qu'ils eussent d'autres raisons de décider, qu'une illumination d'enhaut, je suis, à cet égard, comme tous les ignorans que l'expression affecte plus que tout le

---

Di Manza *che non dura:*
Ma chi ben ama Cristo
Sopra d'ogun' altra cura,
Quella è Amanza *sicura.*

Et ensuite :

Di te, bella Manza ;
Jesu venga Manza.

Saint-Amand, *Rome ridicule*, 81. dit :

Ces gens-ci n'ont point l'humeur franche,
A tout gain leur arc est bandé ;
Souvent pour m'avoir regardé,
J'ai vu me demander *la Manche*

reste dans les chefs-d'œuvre de peinture & de sculpture. En ce sens, je fus singulièrement affecté d'un tableau, où une Vierge de grandeur presque naturelle, & vue de deux tiers, contemple à genoux son Fils, à l'instant où il vient de naître. La douleur, la joie, la compassion, la tendresse, le respect, l'adoration, se peignent, se réunissent & se confondent dans l'attitude & dans tous les détails de la figure de cette Vierge, à laquelle le Peintre a mieux aimé donner une physionomie un peu chiffonnée, sur laquelle tout cela joue, que des graces ou de la majesté qui n'auroient pas prêté à une aussi grande variété d'expression. Je crois qu'il est du *Schidone*, Peintre mort jeune, & qui a laissé peu d'ouvrages, à ce que me dit mon introducteur; mais d'autres le donnent au *Barocci*. Des tableaux du Titien, de Léonard de Vinci, du vieux Brugel, du Procacino que réunit cette riche Collection, je revenois toujours à ma Vierge, & je ne voyois rien d'aussi frappant, ni d'aussi fortement exprimé. Une sainte Famille de Raphaël, que je vis depuis dans la Sacristie de Saint Celse, m'apprit que les graces & la majesté n'excluoient point l'expression *. Je ne sçai en quel endroit de la Cène de Léonard de Vinci, qui orne le Réfectoire des Dominicains, Adisson a trouvé une figure principale avec six doigts à la main : je l'ai cherchée sans la pouvoir découvrir. Ce tableau me parut beau, mais de cette beauté mâle, ferme & sévère, à laquelle on est peu en France à portée de s'accoutumer.

Dans un Couvent de filles, voisin de Saint Celse, couvent très-beau, & où l'on ne reçoit à la profession que des filles des premières Maisons de Milan, je me présentai pour voir l'Eglise, à un instant où elle se trouvoit fermée : j'allai au parloir, & je demandai la permission de satisfaire ma curiosité. La Dame portière m'en remit très-obligeamment les clefs, en me donnant à entendre qu'à mon air & à la façon dont je parlois

---

* Mais aussi, *quandò ullum artes invenient parem ?*

italien, elle me croyoit François. Après avoir vu à mon aise toutes les beautés de l'Eglise, je reportai la clef au parloir, où je fus inopinément assailli d'une nuée de Religieuses qui, parlant toutes à la fois, vouloient que je leur fisse raison de la nouvelle arrivée à Milan par la dernière poste de Rome. Cette nouvelle étoit, que le Cardinal Cavalchini, à l'instant d'être élu Pape, avoit eu l'exclusion de la France. *Voyez un peu*, s'écrioient toutes ces bonnes Dames pleines d'une sainte fureur : *il appartient bien à un Roi de France d'empêcher l'opération du Saint Esprit !* Lorsque je crus pouvoir me faire entendre, j'offris de leur démontrer que, loin d'empêcher cette opération, le Roi de France l'aidoit par cette exclusion. Cela s'accordoit peu avec les impressions que leur avoient laissées leurs Pères directeurs. Elles me défièrent de le leur prouver ; je le fis par ce raisonnement. Il est écrit de toute éternité, leur dis-je, que tel Cardinal succédera à Benoît XIV. sur le siége de Saint Pierre. Si ce Cardinal est un autre que Cavalchini,

F iij

ce que nous sçaurons dans peu, les vûes du Sacré Collége sur Cavalchini étoient un obstacle à l'élection de celui qui est désigné dans les décrets de Dieu, & par conséquent à l'opération du Saint Esprit, qui dirige l'élection, d'après cette désignation. Ainsi, Mesdames, l'exclusion donnée par la France à Cavalchini, en levant cet obstacle, aide l'opération du Saint Esprit. *Mais,* s'écrièrent-elles, *si c'est Cavalchini que veut le Saint Esprit!* En ce cas, Mesdames, leur répliquai-je, soyez aussi tranquilles que moi : il sera sûrement Pape ; laissez au Saint Esprit le soin d'arranger son élection avec la France. Les rafraîchissemens arrivèrent pendant la conversation : ces Dames en avoient plus besoin que moi. Nous nous quittâmes bons amis ; elles ayant toujours sur le cœur l'opération du Saint Esprit empêchée par la France, & se promettant bien de se faire donner, sur mon raisonnement, une solution que je n'allai pas chercher.

Je fus présenté à la célèbre Comtesse Clélie Borromée, par le Comte

Visconti, jeune, aimable & sçavant Cavalier, à qui le P. *Gerdil* m'avoit recommandé. Je vis chez elle Madame la Comtesse Archinta, belle-sœur du Cardinal de ce nom, que la France désiroit alors pour Pape, & qui depuis a trouvé la mort dans la raison même qui lui avoit fait manquer la papauté *. La maison de la Comtesse Borromée est le rendez-vous de tout le grand monde de Milan. Aux vertus de sa famille, cette Dame joint des connoissances supérieures à celles de son sexe; elle les a portées jusqu'à la plus haute Géométrie. Le palais qu'elle habite est la maison paternelle des Borromées, & il répond, par sa grandeur, à celle de ce nom. Elle en avoit abandonné un appartement du rez-de-chaussée à la jeunesse de son quartier, après y avoir fait dresser un Théâtre, où cette jeunesse jouoit la Comédie en société. J'assistai à

---

* Il étoit malvoulu de ces Religieux dans les Prières desquels Benoît XIV. avoit tant de confiance, *per viver lontano*. *Vid. infr.* la Description de Rome, *art.* du Secrétaire d'Etat.

MILAN. une représentation, & j'y pris un avant-goût des talens pour le comique que la Nation Italienne apporte en naissant. La maîtresse de la maison n'assistoit jamais à ces spectacles, dont les honnêtes gens d'Italie s'amusent peu.

Le palais du Comte Clérici est un des plus distingués de Milan, & par la distribution des appartemens, & par la richesse & le goût des ameublemens. J'y vis une chose qui fait beaucoup d'honneur au maître. Sa chambre à coucher a, dans toute son étendue, au lieu de tenture, les portraits de tous les Officiers du régiment que commande ce Seigneur, lequel est au service de l'Impératrice-Reine.

Le palais du Comte Pertusati, Weldt-Maréchal au même service, est distingué par un autre genre de mérite : c'est par une Bibliothéque rivale de l'Ambrosienne, qu'il a formée & qui est très-bien logée.

M. l'Abbé-Comte Trivulce possede une collection très-considérable d'anciens sceaux & de dyptiques. Ce dernier genre d'antiquités a été mis à la mode en Italie par le Cardinal Quérini : il y a pris la plus grande faveur. M. l'Abbé Bartholi, Garde de la Bibliothéque Royale de Turin, m'a fait présent d'une Dissertation de sa composition, sur un monument de cette espèce, dont il soutient l'antiquité contre le Marquis Maffei. Cette Dissertation, de quatre-vingt pages *in*-4°. très-remplies, est terminée par une belle gravûre du monument qui en est l'objet : objet d'autant plus piquant, que ce dyptique n'étoit autre chose qu'un porte-feuille pour des poulets ou billets amoureux.

La Signora Agnèse, célèbre dans toute l'Europe par la connoissance des Langues sçavantes, & par un profond Traité sur l'Analyse, qui lui a mérité des éloges de la part de toutes les compagnies sçavantes, & une chaire de Mathématique dans l'Université de Bologne, est fille d'un honnête Marchand de Milan. Ses études, ses travaux, ses succès, les instances de son pere n'ont pu détruire la vocation qu'elle s'est sentie dès l'enfance pour les *Filles bleues*,

F v

MILAN Ordre des plus austères. Depuis la mort de son pere, la mélancolie l'a fortifiée dans cette vocation; elle lui a sacrifié tous les agrémens que ses connoissances & ses talens lui assuroient dans la société: ainsi finit dans le dernier siécle la sçavante Schurman. Cela prouveroit-il pour l'Epigramme d'Anacréon, où ce Poëte* prétend que, suivant l'ordre de la Nature, les femmes se doivent renfermer dans les dons qu'elle leur a départis, la beauté & le don de plaire?

J'assistai à une Thèse de l'Uuiversité, qui fut soutenue dans la magnifique Eglise des Barnabites: elle embrassoit la Physique générale. Pendant trois heures, le Répondant, jeune Seigneur Milanois, prêta le collet à toute l'assemblée, sans Président ni souffleur. L'origine des fontaines,

---

* Anacréon, Ode 2.

Φύσις κέρατα ταύροις,
. . . .
Τοῖς ἀνδράσι φρόνημα·
Γυναιξὶν δίδωσι κάλλος.

que le Répondant rapportoit aux pluies, y fut vivement débattue. Je me rappelle un des argumens proposés contre cette hypothèse ; il étoit tiré de ce passage de la Genèse : *Nondùm pluerat super terram, egrediebatur autem fons, &c.*

En général, le goût des Etudes solides gagne beaucoup en Italie. Je trouvois à toute heure les Bibliothéques publiques & particulières remplies de gens qui lisoient & faisoient des extraits. Plusieurs donnent avec succès dans les hautes Sciences. Le premier fruit de leurs études, & de l'examen des chefs-d'œuvre dont le siécle de Louis XIV. a enrichi les Lettres, est de se coëffer de l'dée que bien des François se forment des Anglois : ils s'imaginent que tout François doit tout sçavoir, & qu'il sçait tout. Sur mon air François, ils avoient la bonté de le penser de moi ; & pour l'honneur de la ressemblance, je répondois par gestes & par signes, comme l'Anglois de Rabelais, lorsqu'on me pressoit sur des choses qui passoient ma portée. On peut d'autant plus avantageusement soutenir ce personnage, sinon dans toute l'Italie, au moins en Lombardie, que l'on y pousse le préjugé en faveur de la France, jusqu'à penser des Petits-Maîtres François, que c'est précisément parce qu'ils sçavent tout, qu'ils ne répondent à rien.

La Bibliothéque Ambrosienne, fondée par le Cardinal Frédéric Borromée, est le plus beau, le plus vaste, le plus solide établissement que, je ne dis pas aucun particulier, mais qu'aucun Souverain ait imaginé & exécuté en faveur des Sciences & des Arts, depuis leur renouvellement en Europe: c'est le Musée d'Alexandrie. Le Fondateur y a attaché une Congrégation de Prêtres séculiers sous le nom de *Collége Ambrosien*. Cet établissement est suffisamment connu des Sçavans, par l'histoire que nous en avons. Dans ce siécle, il s'est formé à Milan une société de Seigneurs, qui, sous le nom de *Socii Palatini*, fournissent en commun aux fonds nécessaires pour le travail d'une Imprimerie considérable, de laquelle sont déja sortis plusieurs Ouvrages très-importans, parmi lesquels il suffit de nommer les Collections du sçavant Muratori.

MILAN.

Les Etats de Milan sont régis par le Droit Romain, modifié par des Coutumes & des Statuts. Plusieurs de ces Statuts sont du bon Roi Louis XII. du nom duquel ils sont intitulés. Ils ont établi, dans les successions, dans les partages, dans les dispositions des pères à l'égard de leurs enfans, la loi d'égalité, que la Noblesse même ne peut éluder que par des substitutions, & par l'acquisition de biens fonds dans des pays où cette loi n'est pas établie. On travailloit depuis quelque temps à une refonte générale de toutes ces Loix, pour en former un Code, qui en les rapprochant sur chaque objet, les expliquât l'une par l'autre, & en fixât l'usage & l'autorité. Pour le malheur de l'humanité, les projets de cette nature, purement honorables, sont rarement portés jusqu'à l'exécution. Celui dont il s'agit, aura sans doute été rompu par la mort prématurée du Comte Christiani que

MILAN. cet Etat avoit perdu le 10 Juillet 1758, jour de notre arrivée à Milan. Ce que j'appris de la vie de ce Ministre ne sera peut-être pas déplacé ici.

Fils d'un Meûnier du Plaisantin, Clerc de Procureur, & ensuite Juge de Village, il eut quelque intérêt des paysans de sa Justice à discuter auprès de M. Trotti, Chef du Conseil de l'Empereur Charles VI. à Milan. Ce Ministre ayant découvert en lui des talens & des lumières supérieures à son état, lui offrit une place dans ses Bureaux. Après y avoir travaillé quelque temps, il fut employé aux négociations, où il montra une supériorité que la Maison d'Autriche employa utilement dans presque toutes les Cours de l'Europe. A la paix, l'Impératrice-Reine l'avoit mis à la tête de l'administration de ses Etats héréditaires en Italie, avec le titre de Chancelier. Les Milanois, en rendant hommage à ses talens pour l'administration, ne lui reprochoient que la faveur qu'il accordoit à la maltôte, avec une partialité qu'ils croyoient intéressée. Mais il est mort fort peu riche, eu égard aux emplois qu'il avoit remplis, au peu de somptuosité de son train, & à l'ordre qui régnoit dans sa maison. Il vit venir la mort avec tout le sang froid qu'il apportoit aux négociations. Dans les derniers jours de sa vie, il reçut de sa Souveraine une longue Lettre entièrement écrite de la main de cette Princesse, qui le prioit de ne s'occuper que du rétablissement de sa santé, d'abandonner toute affaire, & de se conserver pour elle & pour son Etat. » Je me consolerois, ce sont les termes de la Lettre, » je » me consolerois plus aisément de la » perte de la moitié d'une armée, » que de celle d'un Ministre tel que » vous. Soyez sans inquiétude pour » vos enfans : ils ont en moi une » mère qui a pour eux tous les sen- » timens du père le plus tendre ; je » ferai pour eux plus que ce père ne » pourroit désirer. « Il en a laissé trois, dont l'aîné, qui a pris le parti de l'Eglise, a déja plus de trente mille écus en bénéfices. M. Christiani portoit une physionomie peu avantageuse. Comme César, il occupoit

MILAN. en même temps quatre Secrétaires: il mangeoit beaucoup, travailloit sans cesse, & n'accordoit au sommeil que les instans qu'il trouvoit dans l'intervalle de chaque affaire. Une corruption totale de la masse du sang a terminé sa carrière. Personne ne connut mieux que lui les vices & les ressources de l'Etat qu'il administroit, & où il commençoit à faire le bien des peuples. Ces peuples qui, en l'estimant, le redoutoient, sans oser se faire de son extraction un titre pour le mépriser, l'ont sincèrement regretté. Peut-être ces regrets avoient-ils en partie leur cause, dans la crainte que M. Christiani ne fût remplacé par quelque Allemand haut, fier & dur. Ce sont assez là les dehors sous lesquels cette Nation se montre aux peuples des pays héréditaires d'Italie, qu'elle traite comme les Romains traitoient les autres peuples de l'Univers, c'est-à-dire, comme des hommes d'une espèce inférieure à la leur. Les Milanois se prêtent un peu trop à ces idées superbes, en épousant quelquefois des Allemandes, quoiqu'il n'arrive jamais que les Allemands leur faſſent l'honneur de prendre femme, même dans les premières Maiſons de Milan.

Depuis que Milan n'eſt plus gouverné que par une autorité ſecondaire, la juſtice y a perdu la force que lui aſſure aſſez communément la préſence du Souverain. Le déſeſpoir, & ſouvent l'impoſſibilité de l'obtenir, détermine le peuple à ſe la faire ſoi-même. Le Magiſtrat ferme les yeux ſur les effets des vengeances particulières, & il borne ſes ſoins à la prohibition des ſtilets & des piſtolets de poche. La célérité & l'impartialité de la juſtice en France & dans nos Etats du Nord, les diſpenſent de porter leur attention ſur ces ſortes d'armes qui deviendront auſſi uſuelles qu'en Italie, dans tout pays où la juſtice deviendroit ou vénale, ou trop lente, ou trop diſpendieuſe. Otez la juſtice d'entre les hommes, ils retombent dans l'état de nature, où la violence eſt à elle-même ſon propre reméde. Peut-être un fantôme de juſtice empêchera-t-il l'application ſubite du reméde;

mais il n'empêchera pas les effets de la vengeance, d'autant plus cruels, & d'autant plus inévitables, qu'ils seront plus long-temps suspendus & médités *. L'expérience a depuis long-temps appris à nos peuples du Nord, que les Loix sont le lien le plus fort de la societé. Ils en étoient tellement convaincus dans les temps même où tout paroissoit ne se régler entr'eux que par les armes, que dès-lors un des sermens les plus sacrés de leurs Rois étoit de rendre *bonne & briéve justice*. Leurs Loix sur les duels étoient des exceptions aux Loix générales : on a mal jugé ces Loix, parce qu'on les a jugées par l'exception.

---

* *Nihil in civitate tam diligenter, quàm jus, retinendum est : quo sublato, nihil est quod æquabile inter homines esse possit.* Cic. pro Cæcinnâ.

Governata la cosa, mediante chi ha autorità, si viene à tor via tutti quelli mali che ne possono altrimenti nascere. Ne nasce offesa de' privati à privati, la quale offesa genera paura ; la paura cerca diffesa ; per la diffesa si procacciano i partigiani ; dai partigiani nascono le parti nelle Cittadi, e delle parti la rovina di quelle. Machiavel, Discors. L. II. cap. 7.

Aux Loix contre les assassinats, que le droit d'asyle, dont jouissent presque tous les lieux consacrés à Dieu ou aux Moines, a depuis très-long-temps énervées & presque abrogées dans toute l'Italie, a succédé une Jurisprudence de convention, suivant laquelle tout homme qui en insulte un autre, jusqu'à un certain point, donne à l'insulté droit sur sa vie; droit dont ce dernier peut user *vel vi, vel clam, vel precariò*. A Rome, où tout se pese, il est des cas où ce droit ne va qu'à *estafiler* son homme. On se saisit de lui avec avantage, & on lui taillade le visage de la pointe d'un diamant. Ces blessures ne se ferment jamais; elles se remplissent d'excrescences de chair, qui défigurent à perpétuité & au point de retrancher de la société celui qui est ainsi défiguré. L'oncle d'un Cardinal, dont il est souvent question dans ces Mémoires, avoit été ainsi traité, & arrêté par ce traitement au milieu d'une carrière qui eût été au moins aussi brillante que celle de son neveu. C'est cette Jurisprudence que je

MILAN. crois avoir entrevue dans une des Notes jettées au bas des pages de l'*Emile* de M. Rousseau de Genêve.

En attendant que la justice eût repris à Milan la force que le Comte Christiani vouloit lui rendre par le Code auquel il travailloit; en attendant qu'il pût, par ce Code, couper la racine des vengeances particulières, il en arrêtoit les effets par l'exactitude & la sévérité les plus rigoureuses, pour le maintien des Loix sur le port d'armes. Tout homme saisi avec une arme prohibée, étoit amené devant lui, bâtonné sans miséricorde, & jetté dans un cachot, d'où il ne sortoit qu'après deux ou trois jours d'une diete exacte, & en payant une forte amende. Cette forme de procéder un peu Turque, avoit fait une forte impression sur les esprits; mais elle n'extirpoit point la cause du mal qui a dû reprendre son cours à la mort du Chancelier.

Je n'ai pu sçavoir exactement de quelle manière les finances sont administrées dans les Etats héréditaires de la Maison d'Autriche en Italie. J'ai seulement appris que le fond de l'adminiſtration Eſpagnole y ſubſiſte encore, & que depuis ſon alliance avec la France, la Cour de Vienne tire chaque année de ces Etats huit à neuf millions en eſpèces. Cette exportation y cauſe un épuiſement, dont les effets ſe font déja ſentir par la diminution & du commerce & des habitans de Milan : diminution telle qu'en 1758, dans une maiſon à porte cochère, au centre de la Ville, & dans un des plus beaux quartiers, deux appartemens complets avec écuries, remiſe, cave & cuiſine, ne ſe louoient, par an, que quatre cents livres environ, monnoie de France. Dans le dernier ſiécle, Milan avoit encore trois cent mille habitans : on en évalue aujourd'hui le nombre à quatre-vingt mille.

En gémiſſant ſur leur état actuel, les Milanois frémiſſent à la vûe de l'avenir, & de la ruine totale qu'ils attendent d'une alliance qui, en leur enlevant & l'argent que les garniſons Allemandes laiſſoient chez eux, & celui que la guerre leur apportoit de temps en temps, ne leur laiſſe de ressource que dans une industrie qui ne peut avoir d'activité qu'autant que l'argent est très-commun. Enfin ils comparent douloureusement leur situation présente avec la situation de leurs ancêtres, sous le gouvernement des premiers Vicerois François & Autrichiens, des Trivulces, des Duguast, des Gonzagues, des Pescaires : Seigneurs qui, environnés d'une Cour brillante, & qui, joûtant de grandeur & de magnificence avec tous les Souverains qui partageoient alors l'Italie, enrichissoient Milan, & le mettoient en état de fournir des subsides beaucoup plus forts que ceux qu'il paye aujourd'hui, & qu'à peine sentoit-on alors. De cette comparaison, il semble résulter qu'un État dominé par un Souverain qui n'y réside point, ressembleroit à une métairie dont le produit est toujours en raison & de l'aisance du fermier & des dépenses du propriétaire, soit pour l'entretien des bâtimens, soit pour l'amélioration en tout genre. A cet égard, ainsi que sous une infinité d'autres rapports, l'économie politique se confond avec l'économie domestique.

Le sexe n'est bien à Milan, ni dans le premier, ni dans le dernier rang. L'état moyen ou la bourgeoisie a quantité de jolies femmes. La façon de se mettre & la galanterie y vont au plus près des modes & de la galanterie parisiennes, & beaucoup plus près que dans beaucoup de bonnes Villes de France. Milan est en Italie, la première & la dernière Ville où l'on trouve chez les femmes le ton d'aisance, l'air & les manières de France *. Par-tout ailleurs, ce sont, sous des modes surannées, des airs déhanchés, une contenance gauche, & un maintien tel qu'il doit résulter d'une tête portée en avant, & de coudes jettés en arrière, où ils paroissent fixés par un bâton passé à travers les jointures des deux bras.

Au spectacle, on peut voir tout le joli monde de Milan, & le voir d'autant mieux, que le spectacle se passe en visites que les Dames reçoi-

---
* Altera fundi illius calamitas.

vent dans des loges illuminées, ornées de glaces & environnées de canapés, avec une tapisserie qui y est assortie. Ces loges, qu'on loue à l'année, ferment à volonté sur le devant : souvent même on ne fait que les entr'ouvrir, pour que le spectacle fasse moins de tort à la conversation.

On croit retrouver à Milan la gaieté de France, mais ce n'est plus elle ; elle ne peut subsister avec les restes du cérémonial Espagnol que Milan conserve encore. Quoiqu'on y vive plus ensemble que dans le reste de l'Italie, on n'y connoît encore que des festins déterminés par de grandes occasions, & où la somptuosité n'amene pas le plaisir.

Ce n'est pas la seule chose qui leur reste de la domination Espagnole. Soit par politique, soit par la seule force de l'exemple, les Espagnols enlevèrent au Commerce les premières Maisons de Milan, qui, jusqu'à l'établissement de la domination Autrichienne, l'avoient allié avec la Noblesse. Cette révolution dans les idées étoit bientôt devenue contagieuse ;

contagieuse ; &, à l'exemple des Grands, tout Bourgeois, plus ou moins enrichi par le commerce, l'abandonnoit, prenoit l'épée, arboroit le plumet, & devenoit *Hidalgo*, avec d'autant plus d'avantage, que les noms des premières Maisons de Milan sont très-répandus dans la Bourgeoisie & dans le Peuple * : on m'a fait voir un Visconti raccommodant des souliers au coin d'une rue. L'expérience & la réflexion n'ont pu détruire un préjugé qui a tari les sources de l'opulence publique. La Noblesse elle-même le sent vivement ; elle ose même désirer le rétablissement de l'ancien système : désirs stériles, tant qu'elle regardera le Banquier & le Marchand comme une espèce distincte de la sienne, & tant que le Mar-

---

* La confusion que ce mélange jette dans la nomenclature Milanoise, n'étonnera pas ceux qui connoissent celle que les adoptions, les manumissions, le patronage & la clientelle avoient introduite dans la nomenclature des anciens Romains. J'ignore si la bâtardise y entroit pour quelque chose, chez ces derniers.

chand gémira de n'être que Marchand.

C'est aux temps de l'ancien système, que remonte l'origine du proverbe que la tradition du pays a conservé en Italie : *Chi voleſſe raſſettear Italia, ſi rouina Milano;* c'eſt-à-dire, *Ruinez Milan, & vous relevez l'Italie.* La chûte du commerce de cette Ville l'a déja depuis long-temps miſe à couvert des deſſeins jaloux qui ont donné naiſſance à ce proverbe.

Nous allons préſentement jetter un coup d'œil ſur les objets de ſon commerce actuel.

1°. Les ſoies crues & organcinées. Milan eſt encore aujourd'hui le centre d'un commerce qui exige des fonds conſidérables, & dont quelques familles des plus riches ſe ſont emparées en ſociété clandeſtine : monopole auſſi déſavantageux pour les acheteurs, que ruineux pour le fond même de ce commerce. Voici ce qui en réſulte à l'égard des acheteurs. La Société fait arrher les ſoies, de caſſine en caſſine, dans le temps où on les recueille, quelquefois même avant la récolte. Aussi-tôt après la récolte, elle traite des soies de Bergame, de Véronne & des Villes qui avoisinent le Milanès, avec d'autres Monopoleurs qui les rassemblent dans ces Villes, & qui, sans courir les risques d'aucun événement, les remettent à Milan, avec un bénéfice net & prompt. Ces soies se trouvant rassemblées dans les magasins de la Société, elle écrit en France & en Angleterre, que la récolte a manqué, ou qu'elle a été peu favorable ; & elle fixe en conséquence le prix des soies. Les familles particulières qui font le même commerce, indépendamment de la Société, trouvent leur avantage à adopter ce prix, & elles l'adoptent communément. Si cependant il arrive que, sacrifiant un plus grand gain présent à l'espérance d'étendre leur commerce, elles offrent & expédient leurs soies à un plus bas prix, voici de quelle manière la Société les fait rentrer dans la subordination.

Quelles que soient les espérances pour la récolte suivante, elles l'annoncent comme très-abondante,

& baissent en conséquence le prix des soies. Si cette récolte n'est pas favorable, ou si elle vient même à manquer, le prix des soies tient, & les familles rivales de la Société ou se discréditent en vendant à plus haut prix, ou se ruinent en suivant celui de la Société. Alors cette Société, maîtresse du terrein, ne pouvant fournir à ses engagemens, & voulant diminuer ses pertes, en diminuant ses livraisons, se tire d'affaire par un autre expédient. Elle écrit aux Anglois, que les François les ont prévenus de vîtesse : elle fait aussi aux François les mêmes plaintes des Anglois ; & les manufactures de ces deux Nations restent oisives par le défaut de matières, ce qui occasionne dans leur commerce une révolution subite, également ruineuse, & pour le Marchand qui comptoit sur les engagemens du Fabriquant, & pour le Fabriquant qui s'étoit réglé sur les avis de Milan.

Ce monopole attaque le commerce des soies dans sa source même. Les familles de Milan, étrangères à la Société, dépendent d'elle, par les arrangemens & les manœuvres que nous venons d'expofer. Souvent forcées de lui paſſer les matières dont ces manœuvres lui enlevent le débit, elles ſe dégoûtent d'un négoce qu'il faut faire, pour ainſi dire, l'épée à la main. La concurrence ainſi ruinée & détruite, le Cultivateur qui recueille la ſoie n'ayant plus de prix que celui que fixent ceux qui en font l'acquiſition, tourne vers des objets plus lucratifs une induſtrie qui n'étoit ſoutenue & animée que par l'eſpoir du gain. Loin de faire de nouvelles plantations & de nouveaux établiſſemens en ce genre, on néglige les anciens, qui tombent faute d'entretien & de remplacemens. En un mot, la culture de la ſoie eſt attaquée dans la Lombardie, par les mêmes cauſes qui l'ont ruinée dans la Romagne. Les Cultivateurs de cette partie de l'Italie, dont la ſoie a long-temps fait la principale richeſſe, fatigués par le monopole établi à Milan & à Veniſe, & ruinés par les droits établis ſur l'entrée des ſoies étrangères dans ces deux Etats, ont abandonné la culture des Mûriers. Quant au peu de soie que donnent ceux qui tiennent, les Anglois, par pure charité, en débarraffent les Romagnoles, qui ne pouvant s'en défaire autrement, en traitent comme gens qui jouent de leur reste.

Les galons vrais & faux, les broderies en or & en argent, les dentelles communes, grand nombre de tanneries & de mégisseries forment le fond des manufactures de Milan; manufactures que soutient la sobriété Italienne, le bas prix des denrées, & par conséquent le bon marché de la main-d'œuvre.

Celle de galons eut pour base, dans son origine, les pistoles du Pérou, que les Espagnols répandoient dans le Milanès; elle étoit d'autant plus considérable, que les Italiens consomment beaucoup de galons pour les ornemens & tentures d'Eglise, & pour les ameublemens des Palais. Lyon partagea quelque temps cette fourniture, qu'il absorbe depuis que la rareté de l'or à Milan a commencé à en réduire la manufacture au galon faux.

Ses broderies *, où brillent le goût & la légèreté, mériteroient d'être plus connues en France. Les Lyonnois pourroient les y introduire avec d'autant plus d'avantage, qu'elles sont à très-bon compte à Milan.

Cette Ville débite une quantité prodigieuse de mouchoirs de soie très-bien fabriqués, & que les Italiens regardent comme un préservatif éprouvé contre les maux de gorge, que l'humidité de l'air rend très-communs en Lombardie & dans la Romagne. Ces mouchoirs font partie du deshabillé des Princes & des Seigneurs : la bourgeoisie & le petit peuple ne les quittent jamais, ni à la maison, ni en voyage. Dans les journées d'Eté, ils les laissent flotter sur leurs épaules, & s'en servent à essuyer la sueur du visage ; mais le matin & à l'approche de la nuit, ils les ramènent & les serrent très-exactement autour du col.

Milan étant, par sa situation, l'en-

---

* Cet art est très-ancien à Milan. Voyez Brantôme *passim*.

MILAN. trepôt naturel de la Suisse, d'une partie de l'Allemagne, de la France & de l'Italie, la distribution de toutes les marchandises à verser d'un de ces pays dans l'autre, fait l'objet capital ou secondaire de plusieurs maisons, & laisse à Milan beaucoup d'argent, par les droits, les frais de magasinage, & les marchés pour les chargemens: marchés dans lesquels les Commissionnaires sçavent tirer parti & de leurs Commettans & des Voituriers. Tout ce qui passe d'Italie en France ou en Suisse, est transporté à dos de mulets; & ce qui de Milan se distribue dans l'intérieur de l'Italie, y est transporté par eau. Les choses les plus précieuses, ou dont la remise demande le plus de diligence, sont voiturées derrière les chaises ou cambiatures: voitures construites & montées de manière qu'elles peuvent beaucoup porter du derrière, sans aucune incommodité pour les chevaux. Les Rouliers, si répandus sur les grandes routes de France, ne sont employés en Italie que pour le transport des effets & du bagage d'un Gouverneur qui arrive dans sa Province ou qui la quitte, d'un Légat qui part pour sa légation ou qui en revient, de Cardinaux que l'ouverture d'un Conclave appelle subitement à Rome. Les détails qu'entraînent les transports de toute espèce, font la richesse des Commissionnaires de Milan, dont l'intérêt est l'unique obstacle à l'établissement de la roulerie en Italie. Le peu de sûreté des chemins, est un prétexte purement imaginaire ; ils seroient aussi peu dangereux pour cinq ou six Rouliers marchant de compagnie, qu'ils le sont pour deux ou trois chaises.

2°. La situation de Milan au pied des Alpes y occasionne un autre genre de commerce de nécessité. Les Suisses & les François, ceux qui, par la Suisse ou par la France, passent en Italie, ou pour affaires, ou pour simple curiosité, vont par les Voiturins jusqu'à Milan, où ils se fournissent d'un équipage proportionné à leur état ou à la dépense qu'ils veulent faire. Le jeune Prince Schwalof, passant de France en Italie, vendit à Lyon pour douze ou

MILAN. quinze mille livres d'équipages ou voitures, qui lui en avoient coûté vingt-cinq ou trente mille à Paris, & il en racheta à Milan pour la même somme. Si tous les voyageurs étoient des Princes Russes, ce genre de fourniture suffiroit pour enrichir Milan ; cependant on y met plus ou moins à contribution les voyageurs même les moins dupes ; mais qui sont instruits que le seul passage des Alpes ruine une voiture ; que les chemins d'Italie, soit en Eté, soit en Hyver, conviennent peu aux chaises de poste de France ; & qu'une chaise y doit avoir toutes les facilités, pour être démontée & remontée prestement & par toutes sortes de mains. Or les voitures dont on se fournit à Milan, à ces facilités & à ces convenances, joignent encore la légèreté, la solidité, la bonne qualité des cuirs & des bois, & l'avantage de pouvoir porter beaucoup, sans incommoder les chevaux.

3°. Le produit des rizières du Milanès est pour Milan un dernier objet de commerce qui manque à la

France, mais dont la France ne doit point être jalouse. Le riz croît dans des champs absolument inondés, & où l'eau monte avec la plante, de manière que dans tout le temps de sa croissance, cette plante n'a jamais que son sommet hors de l'eau. Les canaux innombrables qui coupent la Lombardie, invitent les propriétaires à cette culture, qu'en effet on a poussée au point que tout le Milanès est menacé de devenir une rizière, c'est-à-dire, un marais continu. On nous dit que le Gouvernement pensoit sérieusement à l'arrêter & à la restraindre : l'expérience l'a éclairé sur les funestes effets de l'air des rizières, effets d'autant plus funestes & d'autant plus inévitables, que les rizières sont plus multipliées. Pour indiquer ces effets, il suffit de dire que, dans le temps même où ces plantations n'étoient répandues que de loin en loin, les Villages qui les avoient au Sud & à l'Ouest, étoient tous les ans affligés de quelque maladie contagieuse, & que les paysans occupés ordinairement à cette culture, meurent presque tous hydropiques, avant leur quarantiéme année.

Milan fut, dans le seiziéme siécle, l'arsenal qui fournissoit l'Europe d'armes à feu perfectionnées. On trouve dans Brantôme le détail des obligations que la France a en ce genre au Milanès. Je vais rapporter ici ce morceau intéressant pour l'Histoire des Arts & du Militaire en France.

» Si M. l'Admiral, dit Brantôme,
» a rapporté grands los & gloire,
» pour avoir fait de si belles ordon-
» nances parmi l'Infanterie, & l'a-
» voir si bien réglée, il faut louer
» M. de Strozze, & luy donner cette
» réputation, que ç'a esté celuy qui
» l'a si bien armée, & qui luy a porté
» la façon & l'usage des belles har-
» quebuses de calibre qu'elle porte
» aujourd'huy. Bien est vray que
» M. d'Andelot l'y façonna un peu,
» lorsqu'il vint de prison du Chas-
» teau de Milan, où il les apprit
» des Espagnols. Car il n'y a nul
» vieux Capitaine, ny routier Fan-
» tassin de guerre, qui ne die que
» notre harquebuserie, le temps pas-

» fé, n'eſtoit pas telle en armes
» comme elle a eſté depuis : car ce
» n'eſtoit que petits meſchants ca-
» nons montez, qu'on appelloit *à la*
» *Luquoiſe*, en forme d'une eſpaule
» de mouton ; & le Flaſque, qu'on
» appelloit ainſi, étoit de même,
» voire pis, comme de quelque cuir
» bouilli, ou de corne, bref, toute
» choſe chétive.

» Du depuis, en Piedmont, ils
» s'accommoderent des canons de
« Pignerol, que l'on fit & forgea-là
» un peu plus renforcez, mais fort
» longs & menus, qui certes eſtoient
» bons pour ce temps.

» Du depuis, nous nous en ſom-
» mes ſervis pour la chaſſe, à cauſe
» de leurs bontez : leurs flaſques ne
» valoient gueres non plus. La meſ-
» che de l'harquebuſe ſe portoit par
» le Soldat toute entortillée en ron-
» deur dans le bras, fors le bout de
» la meſche que l'on tenoit en la
» main, pour la mettre au ſerpentin.
» Les Janiſſaires Turcs du Grand-
» Seigneur n'en ont point encore
» oublié la couſtume, qui portent
» encore ainſi leur meſche, qui pour

» cela ne se pouvoit si bien accom-
» moder ny si promptement au ser-
» pentin, comme nous la portons
» aujourd'huy.

» Du depuis, peu-à-peu, en Pied-
» mont, ils s'accommoderent des
» canons de Milan, qu'ils recou-
» vroient par quelques défaites &
» dévalisemens qu'ils faisoient sur
» les Espagnols; mais peu en recou-
» vroient-ils autrement par le trafic
» de Milan, qui estoit défendu des
» armes.

» M. d'Andelot vint donc de Mi-
» lan, & en apporta quelques trois
» cens, à cause de la trefve, comme
» je luy ay oüy dire, & autant de
» fournimens; mais les canons es-
» toient petits & peu renforcez, &
» les charges des fournimens pa-
» reilles.

» Du depuis, s'en porta-t-il en
» France peu-à-peu, & peu-à-peu
» commanda à ses Capitaines d'en
» fournir leurs Bandes le plus qu'ils
» pourroient: mais l'affluence du
» trafic n'estoit si grande, qu'on s'en
» pût armer grandement; si bien
» qu'il se falloit ayder des canons

» de Metz & d'Abbeville, & fourni-
» mens de Blangy : mais tout cela
» n'approchoit point à ceux de Mi-
» lan ; & me souvient qu'aux pre-
» mieres guerres, les Compagnies
» nouvelles estoient au commence-
» ment très-mal armées, & bienheu-
» reux estoit le Capitaine qui pou-
» voit dire avoir en sa Compagnie
» vingt ou trente harquebuses &
» fournimens de Milan. Certes, ce
» n'estoit que grosserie ; mais peu-
» à-peu on en vit venir, & M. de
» Guyse, qui estoit Capitaine pro-
» vident en tout, en fit venir.

» Il y avoit bien les Compagnies
» vieilles de M. d'Andelot, & mes-
» me ses colonnelles en estoient
» très-bien armées ; si-bien que dans
» Rouen l'une d'elles y estant, com-
» me elles tiroient de très-bonnes
» harquebusades sur nous, plusieurs
» des nostres disoient : *Voyez les ma-*
» *rauts, la bonne poudre qu'ils ont léans,*
» *& que la nostre vaille si peu !*

» M. de Guyse le dit un jour à un
» Grand, en souryant, que je sçay,
» dont l'autre rougit : *Ne voyez-vous*
» *pas que ce n'est pas tant seulement leur*

» bonne poudre ? Mais ce font les gran-
» des charges de leurs fournimens & leurs
» bonnes harquebufes, qu'ils ne craignent
» de charger, voire de doubler la charge,
» que M. d'Andelot a ainfi bien armez.
» Nos Soldats ne le font pas ainfi ; mais
» avec le temps ils le feront. Et voilà,
» dit-il, noftre amy, la bonne poudre
» qu'ils ont.

» Or, M. de Strozze qui, dès fon
» jeune âge, avoit plus aymé l'har-
» quebufe que toutes autres armes
» de guerre, & fur-tout les harque-
» bufes à mefche de Milan, quand il
» vint à ces premieres guerres à
» avoir fa Compagnie, il fut fort
» curieux à avoir des armes de Mi-
» lan, & en eut affez : pour le moins
» la moitié de fa Compagnie l'ef-
» toit, qui en fut trouvée très-belle
» & rare, & M. de Guyfe la loüa
» fort à la voir. Je fçay ce que je luy
» en vis dire. Puis après, luy venant
» à fuccéder en la place de Charry,
» il y obferva une fort exacte curio-
» fité & obfervation.

» De forte qu'il pria, voire quafi
» contraignit tous les Capitaines de
» n'avoir plus autres armes, tant har-

» quebuſes, fournimens, que cor-
» celets, que de Milan ; & pour ce,
» moyenna de faire venir à Paris un
» fort honnête & riche Marchand,
» nommé le Seigneur Negrot, & s'y
» tenir, qui, en moins d'un rien, en
» fit venir beaucoup ſur la parole de
» M. de Strozze, & qu'il les lui fe-
» roit enlever: ſi-bien que ledit Ne-
» grot, prenant gouſt à ce premier
» profit, il en continua l'eſpace de
» quinze ou ſeize années le trafic,
» qu'il s'y eſt rendu riche de cin-
» quante mille écus, voire davan-
» tage.

» Tout le différend qu'avoit M.
» de Strozze avec ledit Seigneur
» Negrot, c'eſt qu'il ne faiſoit venir
» les canons ſi gros & renforcez,
» comme il vouloit, quelque Lettre
» de priere qu'il eſcriviſt & fiſt à
» Maiſtre Gaſpard de Milan, qui les
» forgeoit, qui a eſté le meilleur for-
» gent qui jamais ſera, juſques à ce
» que nous allaſmes à Malthe.

» M. de Strozze luy avoit eſcrit
» quelques mois avant qu'il luy for-
» geaſt deux douzaines de canons,
» de la groſſeur qu'il les diviſa, &

MILAN.

» que luy-mesme les yroit querir là.
» Le bon-homme Maistre Gaspard
» alors s'y affectionna si bien, que,
» quand nous fusmes arrivez à Mi-
» lan, M. de Strozze les trouva tous
» faits, & estoient selon son opi-
» nion, & en donnoit à ses amys,
» dont j'en eus un, & le garde en-
» core dans mon cabinet; & sou-
» dain le bon-homme Maistre Gas-
» pard se mit à en faire si grande
» quantité, que, tant il en faisoit,
» autant il en vendoit aux autres
» François qui venoient après nous,
» & qui à l'envy de nous autres en
» prenoient; car nous estions allez
» & marchez des premiers.

» Je ne veux oublier à dire que le
» bon-homme Maistre Gaspard, lors
» qu'il vit M. de Strozze, ne se put
» saouler de l'admirer & l'aymer, &
» tous nous autres, & voulut de tous
» prendre le nom; disant que tous
» nous autres le faisions riche pour
» tout jamais.

» Je me fusse bien passé * de

---

* On trouvera dans ces *Observations sur l'Italie* plusieurs détails auxquels peut convenir ce mot de Brantôme.

„ DIRE CECY; MAIS TEL SOUVENIR
„ ET PARLER ME PLAIST.

„ Après doncques cette veuë,
„ Maiſtre Gaſpard continua à forger
„ les canons de ce gros calibre,
„ mais avec cela ſi bien forez, ſi
„ bien limez & ſur-tout ſi bien vui-
„ dez, qu'il n'y avoit rien à redire.
„ Ils eſtoient très-ſeurs; car il ne
„ falloit point parler de les crever:
„ & avec cela nous fiſmes faire les
„ fournimens beaux, & la charge
„ grande à l'équipollent.

„ Voilà d'où premierement avons
„ eu l'uſage de ces gros canons de
„ calibre, que, quand on les tiroit,
„ vous euſſiez dit que c'étoit des
„ mouſquetades; & un chacun nous
„ admiroit par-tout où nous paſſions
„ en Italie, & où nous faiſions quel-
„ que ſalve. "

Brantôme continue le détail des
obligations qu'a la France à M.
Strozzi & à la Ville de Milan, pour
la perfection des arquebuſes, mouſ-
quets, corcelets, morions, &c.

En affaires de commerce ou d'argent, les Milanois ſont toujours

Lombards, dans la fignification que les François avoient attachée à ce nom, lorfque la Nation qui le porte, partageoit à Paris avec les Juifs toutes les négociations d'argent ou de papier. Les petits gains les flattent tellement, qu'ils ne s'y peuvent refufer, ni dans les plus grandes affaires, ni dans les fimples offices d'amitié. Le défintéreffement ne fut jamais la première vertu du commerce ; mais, même pour gagner, il faut fçavoir perdre quelquefois ; c'eft ce que fçavent, c'eft ce que pratiquent les François, à ce qu'il nous a paru, & c'eft ce qu'ignorent les Italiens.

Si l'on vouloit trouver la caufe de cette différence de penfer & d'agir, peut-être faudroit-il la chercher dans cette multiplicité de monnoies qui ont cours en Italie. Au moyen de cette multiplicité, il faut perdre ou gagner fur la plus petite recette & fur la plus mince dépenfe ; parce que l'efpèce avantageufe à recevoir, eft par cette raifon même, défavantageufe à placer, & *vice verfâ*. Ainfi tout commerce eft pour les Italiens un agiotage perpétuel : agiotage auquel ils sont formés dès l'enfance, agiotage qui est une véritable torture pour les François, agiotage enfin qui avoisine *l'égresinage*, & qui y conduit. De-là cette ligue tacite contre tout Etranger ; de-là ce traité secret, dont le premier article donne un droit à percevoir sur tout Marchand à qui on adresse un Etranger pour quelque emplette. En voici un exemple. Nous nous adressâmes à Milan, pour l'achat d'une chaise, à un Avocat avec lequel des recommandations nous avoient liés, & qui avoit pour nous toutes ces attentions & tous ces bons procédés que les Etrangers trouvent en France. Il nous présenta à un Sellier qu'il nous dit être honnête homme & bon ouvrier. Nous traitâmes avec cet homme, & le marché fut presque rompu sur le cinquante-uniéme sequin, que je ne lâchai qu'après avoir fait avouer au Sellier, que ce sequin étoit pour le droit de présence dû à cet Avocat.

La famille de M. Morelli, que

MILAN. nous vîmes assez pour la bien étudier & la bien connoître, nous apprit que Dieu s'étoit réservé des justes au milieu de la corruption générale *.

Le Chef de cette famille nous procura à Milan tous les agrémens qui dépendoient de lui; il nous donna un crédit ouvert jusqu'à la concurrence de trente mille livres; il nous chargea de recommandations pour les premières Maisons de commerce de toute l'Italie : ensuite il nous adressa à Rome à M. son frere, qui y remplit une place distinguée dans la Prélature ; & tout cela s'arrangea avec cette aisance & cette noblesse que l'on pourroit trouver en France chez un Montmartel. Aussi M. Morelli est-il le Montmartel de Milan : nous en eûmes la preuve dans les égards distingués qu'on eut par-tout pour sa recommandation, & dans l'accueil gracieux que M. son frere nous fit étant arrivés à Rome.

* *Domus hâc nec purior ulla,*
Nec magis his aliena malis.

La veille de notre départ de Milan, on y reçut la nouvelle de l'exaltation du Cardinal Rezzonico. A l'inſtant, tout Milan ſe trouva parent du nouveau Pape. Toutes les bonnes Maiſons illuminèrent, & firent ou reçurent des complimens à ce ſujet.

MILAN.

PLAISANCE.

Les Duchés de Parme & de Plaisance occupent le centre de la Lombardie. Ils ont, dans leur situation & dans la fertilité de leur terroir, toutes les ressources qui peuvent favoriser la population, en encourageant le commerce, la culture & toute espèce d'industrie; cependant ces deux Duchés sont dépeuplés en comparaison des montagnes de Gênes, où toutes ces ressources manquent.

Nous vîmes, au-dessus de Plaisance, le terrein où les Espagnols & les François combinés entreprirent, en 1746, de forcer les Autrichiens: terrein naturellement fortifié par une multitude de canaux qui le coupent en tout sens. Ce fut non loin de-là * que, 1960 années auparavant, le Consul Sempronius avoit été défait par Annibal, dans un lieu

---

* *In propinquitate fluminum & paludum.* Tite-Live.

à qui cette défaite a donné le nom de *Campo-morto*, qu'il porte aujourd'hui. Le Général Romain eût pu, avec le même avantage que les Autrichiens, y attendre & y recevoir les Carthaginois, si un aveugle empressement ne l'eût déterminé à abandonner le retranchement que lui donnoit la Trébie, pour aller à un ennemi trop habile pour venir à lui. Annibal étoit maître de toute la gauche de cette rivière * : il avoit répandu ses troupes légères jusqu'aux bords du Pô.

En suivant dans Tite-Live le détail de cette journée, on y voit qu'après la victoire décidée en faveur des Carthaginois, un corps de dix mille Romains s'étant fait jour à travers l'armée victorieuse, marcha droit à Plaisance, sans repasser la Trébie **. De ce même passage

---

* *Omnem agrum usquè ad Padi ripas populatus erat.*

** *Decem fermè millia hominum cùm aliâ evadere nequissent.... & cùm in castra reditus non esset, flumine interclusis..... Placentiam recto itinere perrexère.* Tit. Liv. Lib. 21.

PLAISANCE. ne pourroit-on pas conclure aussi qu'Annibal avoit seulement appuyé à la Trébie la gauche de son armée quoique le Chevalier Follard le fasse combattre avec son corps de bataille adossé à cette rivière ? Polybe se réunit à Tite-Live en faveur de la première position.

Cet événement pourroit conduire à douter que Plaisance eût alors la même position qu'elle occupe actuellement. En effet, si, dans les temps dont il s'agit, cette Ville étoit assise sur la Trébie, on y pouvoit arriver du champ de bataille, sans repasser la rivière : si, comme aujourd'hui, elle étoit alors au-delà de la Trébie d'environ un quart de lieue, on n'y pouvoit arriver *recto itinere*, que par un pont sur cette rivière. Or ce pont entroit pour beaucoup dans les dispositions d'Annibal, qui, maître du terrain sur lequel il débouchoit, n'eût pas négligé de s'en emparer, ou de le masquer au moins par un corps de troupes, ou même par quelque ouvrage ; ce qui eût coupé la retraite à ces dix mille hommes, & aux débris de l'armée Romaine répandus dans la campagne.

La retraite paisible de ces fuyards ne laisse aucun lieu de douter, que la communication avec Plaisance ne fût absolument libre. Il semble donc plus naturel de supposer que Plaisance étoit alors à cheval sur la Trébie, que de présumer qu'Annibal eût négligé une précaution d'où dépendoit le fruit capital d'une victoire qu'il avoit d'ailleurs si habilement amenée & préparée. J'ai proposé ce problême à des Militaires & aux gens du pays : *Adhuc sub Judice lis est.*

Depuis la première Edition de ces Mémoires, un Plaisantin a résolu ce problême, en prouvant par Tite-Live même, que le camp de Sempronius étoit en-deçà de la Trébie, & qu'Annibal avoit son poste au-delà, c'est-à-dire, du côté de Plaisance. On pourroit inférer le contraire de la marche des deux armées tracée par Polybe ; mais le Plaisantin, qui préfere Tite-Live à Polybe, paroît si amoureux de son opinion, & nous sommes si peu atta-

PLAISANCE.

chés à la nôtre, que nous aimons mieux penser avec lui, que nous jetter dans une discussion sérieuse sur un objet aussi peu intéressant.

A propos de gens du pays & de Militaires, les premiers étoient encore étonnés de la manière paisible dont les François avoient vécu entr'eux dans cette campagne de 1746. Ils n'y avoient pas vu une épée tirée, tandis que dans la guerre précédente, les combats singuliers, quoique moins fréquens que par le passé, avoient encore lieu de temps en temps. On me raconta à ce sujet qu'un vieux Lieutenant-Colonel à qui on demandoit la raison de ce changement, avoit répondu: » Eh! » comment voulez-vous que se battent ces gens qui n'ont plus que de » la limonade dans l'estomac & dans » la tête! « On ajoutoit que, dans cette campagne de 1746, les Espagnols & les Francois montroient la plus vive animosité de corps à corps & d'homme à homme; qu'en beaucoup d'occasions, le service avoit souffert de cette animosité, qui étoit telle, qu'un jour, en plein midi, vers l'Hospitalette, un régiment de Dragons Espagnols avoit chargé un régiment de Cavalerie Françoise, leurs camps n'étant séparés que par le grand chemin. On me dit enfin que la veille de la bataille de Plaisance, toutes les Eglises étoient remplies d'Espagnols se confessant & communiant; que tous les cabarets au contraire étoient pleins de François s'enyvrant, jurant & jettant tout par les fenêtres; & l'on demandoit de quelle part des deux Nations, ces dispositions si différentes annonçoient le plus de bravoure. Xénophon disoit que le guerrier le plus brave, & qui craint le moins les hommes, est celui qui craint le plus les Dieux: il eût sans doute parié pour les Espagnols, qui en effet allèrent très-bien au feu, en plein jour, par une prairie rase, & à travers le feu croisé de huit ou dix batteries.

La Ville de Plaisance étoit la dernière place de la Gaule Romaine, *Gallia togata*. Son inviolable attachement à la République Romaine & ensuite aux Empereurs lui occasionna bien des malheurs & des désastres ; enfin assiégée par Totila, elle passa sous la domination des Goths, après un siége pendant lequel ses habitans ayant épuisé toute ressource, s'en procurèrent une dernière, en mangeant de la chair humaine. Soumise ensuite successivement aux Lombards, aux Rois d'Italie de la race de Charlemagne, & aux différens Princes qui succédèrent à ces Rois, elle recouvra enfin, ainsi que la plûpart des Villes d'Italie, une liberté dans laquelle elle trouva tous les maux qui naissent de l'anarchie. Ils se renouvellèrent sous la domination des Ducs de Milan, au milieu d'efforts continuels en faveur de la liberté. Elle fit partie des conquêtes de Louis XII. & de François I. en Italie. Entre ces deux conquêtes, Jules II. s'en étant rendu maître, l'avoit unie au domaine de son Eglise. Charles-Quint & les Vénitiens l'ayant depuis donnée à Léon X. Paul III. l'inféoda en 1545 à Pierre-Louis Farnèse, son fils. L'Infant Dom Philippe en jouit aujourd'hui, du chef

Plaisance.

Procop. de bell. Gothico.

de sa mère, en qui finit le nom des Farnèses.

Indépendamment de la parole de Jesus-Christ, qui dit *que son regne n'est pas de ce monde*, il ne seroit pas difficile de justifier cette inféodation, même d'après les Loix de la politique. En effet, sans examiner de trop près les ressorts du Gouvernement papal, il suffit d'avoir vu le déplorable état du Duché de Ferrare, pour être convaincu que la nature de ce Gouvernement ne comporte pas une domination étendue. L'intérêt de Venise a conservé au Saint-Siége ce Duché de Ferrare, par la seule raison qu'il forme une barrière entre cette République & les Etats de Lombardie, que se disputent les Puissances Ultramontaines. Les Duchés de Parme & de Plaisance se trouvant au centre de ces mêmes Etats, si le Saint-Siége eût voulu en demeurer le Souverain, il se seroit trouvé une des premières Puissances belligérantes dans toutes les guerres qui, depuis deux siécles, ont si souvent remué les bornes des différentes possessions en Italie. Ainsi, à

PLAISANCE. tous égards, il étoit plus avantageux aux Papes d'aliéner ces Duchés en retenant une apparence de domaine, que de s'obstiner à conserver ce domaine en entier, sans le pouvoir garder.

Ils ont eu la preuve de leur impuissance à cet égard, dans celle où se trouva Clément XI. pour faire valoir sur ces Etats le droit de réversion stipulé en faveur du Saint-Siége, avenant le cas de l'extinction de la descendance masculine dans la Maison de Farnèse. Malgré des Mémoires très-sçavans & très-étendus sur ce droit, Clément XII. a vu l'Empereur Charles VI. exercer, *pleno jure*, tous les droits de souveraineté, dans les traités qui ont mis l'Infant Dom Philippe en possession des Etats de la Maison de Farnèse.

La situation de Plaisance, la largeur & l'alignement de ses places & de ses rues, l'architecture de ses Palais & de ses édifices publics, les grands morceaux de peinture & de sculpture, les fontaines qui ornent ces édifices & ces places, en feroient sans doute une des plus belles Villes de la Lombardie, si la disette d'habitans ne lui enlevoit pas la première beauté à laquelle une Ville puisse pretendre *. Léandro Alberti dit, qu'elle étoit encore très-florissante à cet égard dans le temps où elle passa à la Maison de Farnèse ; & que, dans le court espace où elle goûta la liberté, sous la protection de Charles-Quint, après l'assassinat du premier Farnèse, les richesses qu'y portoient les manufactures & le commerce, l'avoient mise en état de relever ses murs, de se fortifier régulièrement, & même de construire une très-forte Citadelle, tous les Citoyens s'empressant de contribuer à ces ouvrages, & d'en hâter la perfection. L'état où elle est tombée depuis cette époque, tient au reste à bien des causes, que nous nous dispenserons d'examiner. J'observerai seulement que le Souverain

―――――――――――――――

* Dans son Itinéraire imprimé en 1747, Scotti donne à Plaisance vingt-huit mille ames : en quoi il excede la vérité au moins de deux tiers.

PLAISANCE. actuel vient d'élever dans cette Ville une manufacture d'étoffes de soie. Les dépenses considérables qu'il a faites pour cet établissement, ont pour but de ranimer l'industrie des habitans, qu'exciteroient plus sûrement une protection & des secours répartis sur un nombre de fabriques particulières.

Les statues équestres du fameux Alexandre Farnèse & de Ranuccio son fils, qui décorent la principale place, m'ont paru de la plus grande beauté, & supérieures à tout ce que l'on voit à Paris en ce genre. L'inscription qu'on lit sur la base de celle d'Alexandre, m'a semblé d'autant plus outrée, quant à son expédition en France pour le service de la Ligue, que cette expédition infructueuse ne fut pas un des plus grands exploits du Héros ; mais il étoit beau de le représenter marchant sur le ventre à toute la France.

La Cathédrale & la plûpart des Eglises sont ornées de peintures des plus grands Maîtres de l'Ecole de Bologne, c'est-à-dire, des Carraches & de leurs premiers Eleves, tels que le Guerchin & Lanfranc. Ce dernier avoit commencé à Plaisance les études, où il a depuis brillé dans son art avec tant d'éclat. Il dut les premiers encouragemens & les premiers secours à la Maison de Scotti, au service de laquelle il étoit entré dès l'enfance. On voit au Palais Scotti plusieurs tableaux qu'il y a placés, comme des monumens de sa reconnoissance.

PLAISANCE.

A Saint Sixte, riche maison de Bénédictins, fondée par Engilberge, femme de l'Empereur Louis II. on voit le tombeau de cette Princesse. Près de ce tombeau, est le maître-autel exécuté, dit-on, sur les desseins de Michel-Ange. Placé à l'entrée du chœur, il ne présente qu'une table soutenue par deux consoles accompagnées de quatre Anges qui portent des palmes : une châsse, en forme de tombeau antique, remplit partie du vuide que laisse cette table suspendue. Rien de mieux traité, rien de plus fini que les détails de ce morceau, dont l'ensemble produit un effet simple, mais noble & beau. Tout cet autel, ainsi que six chamdeliers qu'il porte, font d'un bronze que le temps a couvert de cette précieuse *patine* qu'estiment tant les Italiens, quoiqu'elle donne, aux chandeliers sur-tout dont il s'agit, un air de vieille batterie de cuisine. Le goût des François pour le brillant s'accommoderoit peu sans doute de ce genre de beauté. Tout Rome, lorsque nous y arrivâmes, se récrioit contre ce goût pour le brillant qui avoit déterminé le repolissement de ces bronzes admirables qui ornent la *Confession des Apôtres* à l'Eglise de Saint Pierre de Rome*, & de ceux qui accompagnent la Chaire de Saint Pierre. On regardoit cette restauration comme une vraie dégradation qui, en rendant à ces morceaux un air de nouveauté, leur enlevoit la fleur de la sculpture, & cette ame que le dernier travail des Artistes y avoit jettée. Les colonnes exécutées par François Flamand, & les enfans mêlés aux festons qui remplissent le torse de ces colonnes,

---

* *Vid. infr.* l'article de ROME, *Architecture.*

excitoient les plus vifs regrets. En un mot, les Romains penſoient de cette réparation auſſi coûteuſe en elle-même, que ruineuſe pour les morceaux qui en étoient l'objet, ce que penſent les Connoiſſeurs de France, lorſqu'à chaque Printems, ils voyent les ſtatues qui peuplent les jardins de Verſailles & des Tuileries, abandonnées à des Savoyards, qui, en les écurant, rappellent ce Lorrain de Rabelais, lequel, aux Ides de Mai, *ſe décrottoit comme une cappe à l'Eſpagnolle.*

Dans ſon Dialogue intitulé *Brutus*, Cicéron nomme avec éloge quelques Orateurs qui brilloient de ſon temps à Plaiſance par des talens dignes du Barreau de Rome, & à qui il ne manquoit que cette fleur d'*urbanité**, qui ne s'acquéroit qu'à Rome, dans le commerce de la bonne compagnie.

Dans ces derniers temps, Plaiſance a donné le jour au célèbre Albé-

_____

* *Urbanitatis color.* Omnium enim, ajoûte Cicéron, *in noſtris eſt quidam urbanorum, ſicut ille Atticorum, ſonus.*

PLAISANCE. roni. Né dans la lie du peuple, il étoit petit Bénéficier de la Cathédrale de Plaisance, lorsque M. de Vendôme le connut par hasard, se l'attacha, & en fit son premier Aide-de-camp, son homme de confiance, &c. Il a passé dans sa patrie les dernières années de sa vie. S'y étant emparé des biens d'une Commanderie appellée *San-Lazaro*, & située sous le canon de Plaisance, il y établit un Séminaire, fit élever à ses frais tous les bâtimens qu'exigeoit cette destination, & acquit des fonds convenables pour un tel établissement. Comme il réunissoit à ces fonds ceux qu'il découvroit avoir été usurpés sur l'Eglise dans le voisinage de Plaisance, les Plaisantins ne voyoient pas cet établissement de bon œil. Mais de quel chagrin le Cardinal Albéroni ne fut-il pas pénétré lui-même, lorsque, dans la campagne de 1746, son Séminaire devenu le point d'attaque & de défense entre trois formidables armées, fut foudroyé à ses yeux par toute la grosse artillerie Espagnole & Génoise, qui n'y laissa pas un mur entier?

Le plus intime de mes amis qui se trouvoit alors avec l'armée Françoise, eut le bonheur de voir cette Éminence. Depuis l'occupation de son Séminaire par les Autrichiens, elle s'étoit réfugiée à Plaisance dans un appartement qui n'avoit pour tout meuble qu'un lit, une table & quatre chaises, & dans la cheminée duquel bouilloit sa petite marmite, à la foible chaleur d'un abricottier coupé le jour même, dans la cour de la maison dont son appartement faisoit partie : son argent & son crédit n'ayant pu lui procurer un morceau de bois à brûler.

Le Cardinal avoit alors plus de quatre-vingts ans, sans aucune des incommodités de la vieillesse. Mon ami lui avoit été présenté par le Président Scrivani, avec lequel il le voyoit en tiers dans des visites de trois à quatre heures. Il traitoit M. Scrivani comme un ami de cœur : leur conversation étoit vive & aisée. Le respectable vieillard tenant presque toujours la parole, y mettoit un feu qui ajoutoit de l'intérêt aux choses très-intéressantes qu'il racontoit

PLAISANCE. ou discutoit. Ses récits étoient mêlés d'Italien, de François, d'Espagnol, suivant les affaires ou les personnes qui en étoient l'objet; & ces trois langues avoient dans sa bouche une égale énergie, une égale vivacité. Quelque maxime de Tacite qu'il rapportoit toujours en Latin, venoit ordinairement à l'appui de ses réflexions. Les campagnes où il avoit suivi M. de Vendôme, son ministère en Espagne, les événemens alors présens, étoient les objets les plus familiers de ses récits & de ses observations. J'ai vu tout cela en détail dans les Mémoires de mon ami, qui, entre autres singularités, lui avoit oüi proposer son plan pour l'établissement du Prétendant: plan que j'ai depuis trouvé développé avec plus d'étendue, dans le testament de cette Eminence, donné au Public depuis sa mort.

Les Mémoires que je cite m'apprennent encore: 1°. que, lorsqu'en 1746 le Maréchal de Maillebois arriva dans Plaisance, à la tête de l'armée Françoise, pour donner, contre son avis, la bataille que le Conseil de Madrid avoit réſolue, le Cardinal Albéroni, ſacrifiant l'étiquette à ſon empreſſement, vola chez le Maréchal, à l'antichambre duquel il arriva ſans être annoncé. Un Secrétaire plus au fait de l'exercice des troupes, que de l'étiquette des Cours, voulut arrêter l'Eminence, en lui diſant d'un ton grenadier, que M. le Maréchal étoit en affaires, & ne recevoit perſonne. Mon ami, lui répondit fièrement le Cardinal, en ouvrant lui-même la porte, ſçachez que M. de Vendôme me recevoit ſur ſa chaiſe percée. A cette réponſe, mes Mémoires en joignent une très-forte de M. l'Abbé Aquaviva, mais que l'on jugeroit peut-être ici déplacée.

Ils m'apprennent, 2°. que les Eſpagnols bloqués dans Plaiſance paroiſſoient pénétrés de la plus profonde vénération pour le Cardinal Albéroni. Ils ſe rappelloient avec tranſport tout ce que leur Monarchie devoit à ſon miniſtère : miniſtère à jamais mémorable, par la jalouſie qui ligua les premières Puiſſances de l'Europe contre un homme devenu redoutable par la force de son génie, par l'étendue de ses desseins, & par la profondeur de ses vûes *.

Les Loix qui régissent Plaisance, ont établi l'égalité de partage entre enfans, même dans les successions nobles. Cette égalité, qui est le *Palladium* des Etats démocratiques, & le principal nerf de l'industrie dans les Villes de commerce **, pouvoit convenir à Plaisance, avant que la Maison de Farnèse y fût établie : mais, depuis cet établissement, depuis la ruine de ses manufactures, depuis que sa Noblesse a renoncé au commerce, cette même égalité, en

---

* *Nimium vobis* Hispana *propago Visa potens, Superi, propria hæc si dona fuissent.*

** L'égalité dans les partages de famille étoit établie à Carthage, & peut-être ne contribua-t-elle pas peu à la grandeur où parvint cette République, quoiqu'Aristote en son *Traité des Loix Politiques*, prétende que cet arrangement entretient dans la fainéantise des Citoyens qui attendent les bras croisés un héritage que la Loi leur assure.

foudivifant à l'infini les biens nobles, en enlevant à ce pays la dernière reffource qu'il eût trouvée dans l'aifance de la Nobleffe, l'a rempli d'un peuple de Comtes, & d'efclaves titrés d'une grandeur peu impofante, lorfqu'elle eft féparée de la richeffe.

PLAISANCE

Il eft vrai qu'un Etranger s'y trouve inopinément riche, par la haute valeur des efpèces courantes. Vous y recevez environ quatre-vingt-feize livres pour un louis d'or de France ; mais les dépenfes augmentent en proportion du cours de l'efpèce : encore y perd-on. Les paules & autres efpèces courantes en Italie, que l'on vous donne en échange, font plus que quadruplés de valeur, & parmi ces efpèces, on ne manque pas de gliffer des monnoies du pays qui n'ont point de cours ailleurs.

En allant de Plaifance à Parme, nous paffâmes au gué, c'eft-à-dire, fur les épaules de payfans qui vivent de ce métier, la rivière du Taro, fur les bords de laquelle & fous Fornovo que nous apperçûmes, Charles VIII. Roi de France, remporta

PLAISANCE. la mémorable victoire qui tira ce Prince & son armée des mains des Italiens. Cette rivière se promene à son gré dans une vaste plaine qu'elle sillonne, & qu'elle couvre de pierres & de roches détachées de l'Apennin, sans qu'il paroisse que l'on ait travaillé à la réduire dans un lit certain. Elle a eu jadis un pont, dont il existe encore des vestiges. L'entretien ou le rétablissement de ce pont eût sans doute été, pour les anciens Souverains du pays, une entreprise plus belle & plus utile, que la construction de leur fameux Théâtre de Parme, qui n'est d'aucun usage, & dont on achete bien la vue par le danger qu'il y a de se noyer dans le Taro.

PARME.

Sous les Romains & dans les siécles postérieurs à la chûte de leur Empire, les destinées des Villes de Parme & de Plaisance, avec leur territoire, ont été liées par les mêmes événemens & les mêmes révolutions. Après l'assassinat de Pierre-Louis Farnèse, elles se donnèrent l'une & l'autre à Charles-Quint, qui abandonna depuis ses droits sur elles à Octave, frere de Pierre-Louis, en faveur de son mariage avec Marguerite, fille naturelle de cet Empereur. C'est cette même Marguerite, qui gouverna depuis les Pays-Bas avec tant de réputation, & qui fut mere d'Alexandre Farnèse.

Parme est plus régulièrement fortifiée que Plaisance : ses fortifications, ainsi que sa Citadelle, sont encore en assez bon état. Rien de plus riche & de plus riant que sa situation ; rien de plus attrayant que les peintures qui embellissent ses édifices publics. Tout y brille des

PARME. chefs-d'œuvre du Corrége, de ses rivaux & de ses éleves. L'Assomption de la coupole du Dôme coûta la vie à cet Artiste immortel. S'y étant abandonné à toute la chaleur de son imagination, il avoit risqué des hardiesses qui ont fait depuis l'étonnement & l'admiration des plus grands Maîtres, & que ne sçurent pas goûter les Chanoines qui avoient commandé ce morceau. Quoique le prix convenu fût modique, ils se crurent lézés ; & après en avoir rabattu ce qu'ils voulurent, ils comptèrent le reste en quatrins, baïoques & autres monnoies de cuivre, que le malheureux Corrége chargea sur son dos, pour les porter à deux ou trois lieues de Parme, dans un château où il avoit alors son attelier. L'incommodité de cette charge, la chaleur du jour, la longueur du chemin, le chagrin & le dépit qui lui perçoient le cœur, lui occasionnèrent une pleurésie, dont il ressentit les atteintes en chemin, & dont il mourut trois jours après, à l'âge de quarante ans. Le tableau inestimable de la Communion de

Saint Jérôme par le Dominiquin, & le Chef-d'œuvre du Bourdon qui fait tout l'ornement de la Cathédrale de Montpellier, furent également accueillis & aussi mal payés par ceux qui les avoient commandés, ainsi que je le rapporterai en son lieu*.

Je dis au Chanoine de Parme qui me récita le fait que je viens de rapporter, qu'en honneur & en conscience, son Chapitre devoit à perpétuité un Anniversaire au malheureux Corrége. Il me rit au nez, & me proposa d'en faire la fondation. Pareille proposition que je fis depuis en faveur du Bourdon, aux Chanoines de Montpellier, presque tous réunis à la sortie d'un Chapitre, eut la même réponse *in terminis*.

La Cathédrale & plusieurs Eglises de Parme sont couvertes de fresques du Corrége, du Parmegiano, &c. Celles de la Cathédrale, la plûpart en camayeu, représentent des Ver-

---

* *Quatenus, heu nefas!*
Virtutem incolumen odimus,
Sublatam ex oculis quærimus invidi.

tus figurées par des femmes en attitudes très-élégamment variées. Ces figures que couvrent des habits, sans dérober aucun trait du nud, ont plus de graces que le lieu ne semble en comporter.

On voyoit autrefois dans une des Chapelles de cette même Eglise, le tableau où le Corrége semble avoir épuisé toutes les ressources de son art, en y représentant une sainte Famille, avec laquelle il avoit grouppé un Saint Jérôme & une Magdelaine. Les Farnèses ayant marqué un vif désir de joindre ce tableau à leur immense Collection en ce genre, les Chanoines allarmés le déplacèrent, & se le passant furtivement de main en main, ils le dérobèrent, par ce manége qui dura quarante ou cinquante ans, à l'empressement & aux recherches du Souverain. A la mort du dernier Duc Antoine, ils le placèrent parmi les plus précieux joyaux de leur trésor. L'Infant Dom Philippe l'en a tiré, & il fait aujourd'hui le principal ornement de la gallerie que ce Prince a abandonnée dans son Palais aux exercices

de

de l'Académie de Peinture, Sculpture & Architecture qu'il a inſtituée; on l'y garde ſous clef.

Ce tableau eſt un aſſemblage de beautés frappantes pour tous les yeux. Il parle à l'eſprit, par l'expreſſion, par la fineſſe & par l'action : il parle au cœur, par les graces & par le ton de tendreſſe & de molleſſe qui percent juſques dans les plus petits détails. Le Saint Jérôme & la Magdelaine n'y ſont point, ainſi que dans preſque tous les tableaux d'Italie, des perſonnages iſolés & détachés du ſujet principal : l'auſtérité du Saint Jérôme, l'air amoureux de la Magdelaine, avec les cheveux de laquelle badine le petit Jeſus, jettent dans toute cette compoſition un intérêt d'autant plus piquant, qu'il ne ſe développe qu'à l'examen. Ce tableau s'eſt multiplié par des copies & par des gravûres des meilleures mains ; mais aucune n'a pu ſaiſir le ſourire de la Magdelaine : dans preſque toutes les copies, ce ſourire enchanteur eſt remplacé par une grimace.

Parmi d'autres morceaux du même Maître, répandus dans les Eglises de Parme, on distingue la Vierge *alla Scudella*, que l'on voit aux *Rochettini* : les figures m'en ont paru un peu courtes ; tout d'ailleurs y annonce le Corrége. Pour assurer les droits du Sacristain sur les Etrangers qui demandent à voir ce tableau, on l'a masqué par un barbouillage postiche, qui, en s'abaissant, entre dans le corps de l'autel, qui ôte l'air au tableau qu'il cache, qui enfin, en arrêtant & fixant l'humidité du mur sur ce joli morceau, ne peut que hâter sa destruction.

Lorsque nous passâmes à Parme, une des principales merveilles de cette Ville, étoit Madame Isabelle, fille de l'Infant Dom Philippe. Cette Princesse, dont la main étoit alors promise à l'aîné des Archiducs, réunissoit en sa personne toutes les graces répandues dans les chefs-d'œuvre qui ont environné son berceau* : graces embellies par des talens marqués pour tous les Arts utiles & agréables, & par des connois-

_____

* *Una omnes surripuit Veneres.*

fances solides dont on nous dit qu'elle s'étoit ornée l'esprit. Elle avoit alors sa maison dans le palais Giardino. Le Prince Héréditaire, avec un Gouverneur & un Précepteur choisis en France *, tenoit maison à part dans le palais de Parme ; & l'Infant, leur pere, habitoit Colorno, où étoit M. du Tillot, aujourd'hui Marquis de Félino, son Ministre de confiance, & qui, né en Espagne de parens François, réunit tout le mérite des deux Nations. Colorno avoit alors, à la suite de la Cour, une troupe complette de Comédiens François.

M. Adisson, dans son Voyage d'Italie, raisonne en Anglois sur les dépenses de ces petites Cours : dépenses qu'il blâme comme ruineuses pour des Peuples qui devroient être d'autant plus heureux, qu'ils vivent sous les yeux du Souverain. Peut-être en eût-il parlé autrement, s'il eût considéré quel seroit l'état de ces mêmes Peuples sous un Sou-

_____

* M. de Kéralio & M. l'Abbé de Condillac.

verain qui enfouiroit l'argent qu'il tire d'eux.

De Parme à Colorno, le prix de la poste est quadruplé; je n'ai pas voulu en pénétrer la raison. Ce palais de Colorno, bâti par un San-Séverin enrichi dans les guerres de Louis XII. est plus remarquable par sa situation, que par la beauté & la régularité de ses bâtimens. Dans la dernière guerre d'Italie, les Autrichiens, après y avoir eu leur quartier général, l'avoient laissé, ainsi que les jardins, dans l'état qu'il est aisé d'imaginer.

On voit dans ces jardins deux Colosses antiques *. Le moins mutilé a été restauré, & il occupe actuellement le milieu d'un boulingrin, sur une base proportionnée à sa hauteur. Comme, dans cette position isolée, il n'a de fond que le vague de l'air, la surface noire & luisante de la pierre de touche qui en est la

---

* Ces deux Colosses furent trouvés à Rome, dans le siécle dernier, sur le Mont-Palatin. Consultez M. Bianchini, *Palazzo de' Cesari*, où ils sont gravés.

matière, donne à peine prife à l'œil. L'autre Coloffe, encore couché fur le boulingrin correfpondant, attend une femblable réparation. Il repréfente un jeune homme nud qu'embraffe un petit Satyre, en paffant avec effort fa main droite fur la hanche droite du jeune homme, l'autre main cramponnée fur la hanche gauche. La principale figure eft de la plus belle proportion ; celle du Satyre eft petite, & d'un caractère bas & mefquin, mais pleine de feu & d'énergie. Ce morceau à demi deffiné, fait partie des ornemens qui décorent le frontipifce de la Differtation de M. l'Abbé Bartholi, dont j'ai parlé à l'article de TURIN.

Avant que d'arriver à Parme, nous avions paffé à Borgo-San-Donino, petite Ville décorée d'un Evêché. La principale porte de fon Dôme ou Cathédrale, ainfi que de la plûpart des Cathédrales de la Lombardie, a au-dehors deux lions de marbre. Ces lions, de proportion plus ou moins grande, font accroupis ou dreffés fur leurs pattes de devant, fuivant le caprice des Sculpteurs. Ils font commu-

PARME. ném̃ent des siécles antérieurs au rétablissement des Arts en Italie. Le tableau qui orne le maître-autel du Dôme de Borgo, est d'un Peintre de l'Ecole de Bologne, qui y a représenté la Purification. Les deux Tourterelles y jouent un rôle : on les voit dans un panier couvert d'un linge ; un enfant leve un coin du linge, & leur présente le doigt, qu'elles becquettent.

Les palais du Souverain à Parme & à Plaisance, ne sont que des commencemens d'exécution de desseins qui seroient sans doute remplis, s'ils eussent été moins gigantesques.

REGGIO & MODENE.

CES Villes que, sous l'Empire de Théodose, Saint Ambroise appelloit déjà *semirutarum urbium cadavera*, furent depuis renversées par ces essains de barbares, qui inondèrent l'Italie sous les successeurs de ce Prince *. La paix universelle, dont l'Empire de Charlemagne promettoit le rétablissement, rappella les descendans de leurs anciens habitans, qui les rebâtirent. Elles étoient alors abandonnées & ruinées au point que, dans cette reconstruction, Modene fut rebâtie en un lieu qui parut plus commode que celui

Epist. ad Faust.

---

* Je place quelquefois à la tête des articles, les notices que j'avois extraites, pour mon usage, du très-sçavant & très-diffus Léandro Alberti. Ces légères nomenclatures sur des pays que l'on ne connoît point encore, sont pour les Voyageurs & pour ceux qui lisent leurs Relations, ce qu'est un mot dit en passant, sur ceux qui composent une assemblée où l'on se rencontre pour la première fois.

qu'elle avoit précédemment occupé. L'industrie & la population, animées par l'amour de la patrie & de la liberté, les rendirent bientôt riches, florissantes & guerrières. Ces Villes dûrent aussi une partie de leur splendeur aux Loix qu'elles se donnèrent alors. Parmi celles que Modene se donna en 1225, il en étoit une que l'Angleterre a fait revivre depuis quelques années, & qui devroit être Loi générale dans tous les pays qui s'intéressent aux progrès de l'Agriculture. Cette Loi établissoit un Corps d'Experts-Jurés, sur l'estimation desquels, tout propriétaire d'une ou de plusieurs grandes piéces de terre, étoit admis à s'approprier, par voie d'échange ou d'achat, les petits morceaux qui avoisinoient ou séparoient ses possessions. Par ce sage arrangement, chaque ferme n'étant plus qu'un champ que le propriétaire avoit sous les yeux, & le fermier sous la main, les possessions acquéroient des bornes certaines, & l'exploitation devenoit infiniment plus facile.

Sous l'anarchie qui suivit, l'état

de ces Villes & des petits Etats qui les avoisinoient, fut le même que celui de l'ancien *Latium* dans les premiers siécles de la République Romaine. Chaque Cité formoit un Etat isolé, toujours en guerre avec ses voisins, & souvent déchiré par des factions & des divisions intestines. Si aucun de ces Etats ne put, à l'exemple de Rome, parvenir à se former un Empire, ce fut sans doute par la raison que leurs Peuples plus politiques que les voisins de l'ancienne Rome, ne perdirent jamais de vûe la balance du pouvoir : intérêt suprême qui absorboit les rivalités, les inquiétudes, les animosités & tout intérêt particulier. Modene & Reggio jouèrent un rôle dans cette anarchie. Gouvernées le plus souvent par leurs propres Citoyens, au pouvoir desquels elles se déroboient sur le moindre ombrage, elles se donnèrent successivement aux Empereurs, aux Papes, aux Vénitiens, aux Ducs de Mantoue, de Ferrare, de Milan, dont elles chassoient ou assassinoient les Gouverneurs au premier mécontentement.

REGGIO & MODENE.

Les noms des auteurs de ces révolutions sont conservés dans leurs fastes, parmi les noms de leurs illustres. Enfin Jules II. les ayant enlevées à Alphonse d'Est, Duc de Ferrare, ce Duc les remit en son pouvoir pendant le siége de Rome par Charles-Quint. Elles appartiennent encore aujourd'hui à la Maison d'Est, à laquelle Clément VIII. les laissa, lorsqu'il réunit le Duché de Ferrare au Domaine de l'Eglise.

Le territoire de ces Villes abbreuvé par le Pô, le Panaro, la Secchia & la Lenza, est une plaine fertile toute plantée, en quinconce presque continu, de grands ormes, dont chacun porte un ou deux gros seps de vigne. Ces seps rapprochés par leurs extrémités, qui se réunissent en s'entrelaçant, forment dans chaque espace une grosse guirlande, dont le renflement naturel vers le milieu, a sans doute donné l'idée de ces guirlandes ou festons qu'emploie l'Architecture parmi ses ornemens*. Le

---

* Hérodien, Liv. VIII. représente la plaine d'Aquilée plantée dans le même goût. *Arbo-*

terrein ombragé par ces arbres & par ces vignes suspendues, est labouré & ensemencé. Sur ce que je disois, que c'étoit-là le moyen d'avoir en même temps & de mauvaises vignes & de méchantes terres, on me répondoit : 1°. que l'on en avoit toujours usé ainsi ; 2°. que le terrein étoit trop humide & trop froid pour la vigne. Mais, répliquois-je, c'est augmenter pour les grains la froideur & l'humidité du terrein ; & l'on me répétoit la première raison.

On nous dit que, de ces arbres qui bordent le grand chemin, les Vendangeurs sont en possession de vomir, aux passans de tout sexe & de toute qualité, les injures & toutes les ordures qui forment le langage des lieux les plus infâmes. Ces sortes de gens se croiroient deshonorés, s'ils y manquoient : les plus sages

---

rum comparibus ordinibus ac vitibus inter se junctis & in sublime evectis, ad festa celebritatis speciem, quasi coronis quibusdam redimita, omnis regio videbatur. Traduct. de Politien.

REGGIO & MODENE.

& même les plus senfés obéiffent, à cet égard, à un ufage auffi ancien que leurs vignes *.

Toute l'Italie connoît les fameufes Stances de Luigi Tanfillo, intitulées *il Vendemiatore*. Ce Poëte y a raffemblé toutes les infamies qui étoient dans la bouche de ces Vendangeurs. Cela tient un peu au nouveau genre que la France s'étoit donné dans ces dernières années, fous le nom de *Style poiffard :* genre, dit Regnier dans une de fes Satyres,

Qui ravalant Phœbus & la Mufe & la grace,
Change en bouchon à vin, le laurier du Parnaffe.

Les Etats de Modene doivent le peu de commerce qu'elles ont encore, à leurs foires & à l'entrepôt qu'ils forment par leur fituation pour les foires de Bolfene, de Sinigaglia

---

* On trouve un de ces Vendangeurs caractérifé par Horace, L. 1, Sat. 7.

Durus Vindemiator & invictus, cui fæpe viator Ceffiffet, magnâ compellans voce cucullum.

& d'Alexandrie, les plus fréquentées de l'Italie. La draperie de France y soutient la concurrence avec celle d'Angleterre ; les étoffes de Lyon y ont la préférence sur toutes les soieries étrangères, excepté les moires d'Angleterre. On n'y connoît que les toiles de Suisse & de Silésie. Bergame fournit les étoffes grossières & les grosses toiles pour le petit peuple.

{REGGIO & MODENE}

Reggio & Modene possedent plusieurs grands morceaux de peinture. Le Souverain en a, dans son Palais, une riche Collection que nous ne vîmes point. A peine pûmes-nous appercevoir un grand tableau d'Annibal Carrache, placé au maître-autel de la Cathédrale de Reggio, tant la peinture en est dégradée & mal éclairée.

A la Cathédrale de Modene, nous vîmes un tableau aussi mal placé, aussi mal éclairé, cependant mieux conservé, quoiqu'en général ses teintes paroissent avoir beaucoup souffert de l'air de la grande porte, auquel il est immédiatement exposé. Il représente la Purification de la

Vierge. C'est la nature elle-même dans toutes les figures qui le composent en grand nombre & sans confusion, mais une nature noble & pénétrée du mystère dont tous les personnages sont occupés. J'y fus singulièrement frappé de l'action d'un jeune Acolyte du Grand-Prêtre. Les deux Tourterelles sont placées vis-à-vis lui sur un escabeau : un enfant les agace malicieusement du bout du doigt, & le jeune Acolyte donne à ce jeu une attention hypocrite. A son âge, à son air, à sa physionomie, on voit qu'il y prendroit part volontiers, s'il n'étoit retenu par l'habit qu'il porte, par la présence du Grand-Prêtre, & par la cérémonie à laquelle son ministère lui donne quelque part. Notre Postillon nous dit que ce tableau étoit du Guide ; notre Aubergiste nous assura qu'il étoit du Pélégrino, bon Peintre de Modene ; un Prêtre que nous trouvâmes dans l'Eglise, nous jura sur son honneur que c'étoit du Raphaël * : car

---

* J'ai depuis appris qu'il est du dernier temps du Guide.

en Italie le peuple même est au moins *amateur*; & je remarquai que notre Postillon voyoit le tableau dont je viens de parler, avec autant d'attention, de plaisir & d'intérêt que nous-mêmes.

Il voulut aussi nous accompagner dans la visite que nous fîmes à la fameuse *Secchia*. C'est un sceau armé de fer presque en entier. A la lueur d'un cierge allumé, on l'apperçoit suspendu par une forte chaîne à la voûte d'une tour gothique, très-obscure, & à laquelle on arrive en passant plusieurs portes, que l'on a grand soin de fermer en passant de l'une à l'autre. Ce sceau est le trophée d'un avantage remporté par les Modénois sur les Bolonois, dans les murs mêmes de Bologne, vers le milieu du dixiéme siécle. Le fameux Poëme du Tassoni, imprimé pour la première fois à Paris, sous les yeux de l'Auteur, en 1622, a étendu à tout l'Univers sçavant l'intérêt singulier que prennent les Modénois à ce trophée.

A commencer par Reggio, les Villes de la Lombardie, telles que

REGGIO & MODENE. Modene, Bologne, Padoue, &c. ont, dans toutes leurs rues, deux files de portiques ou promenoirs couverts, sur lesquels porte en saillie le premier étage des maisons. Ces portiques procurent un abri continu contre la pluie & le soleil: mais, 1°. il n'en résulte aucun embellissement pour ces Villes, ces portiques variant de forme & de hauteur presque à chaque maison, & étant très-rarement coupés & construits d'après les régles de l'Architecture. 2°. Le milieu des rues, abandonné aux voitures & aux bêtes de somme, n'est jamais balayé: l'entretien du pavé y est totalement négligé, d'où il résulte qu'en bien des endroits, ce milieu de rue est un cloaque que personne n'est intéressé à faire nettoyer. 3°. Ces portiques rendent les rues très-dangereuses le soir, & impraticables la nuit, dans un pays surtout où les vengeances particulières produisent de fréquens assassinats.

Reggio, quoiqu'ainsi bâti, est assez propre. Modene au contraire est d'une éternelle saleté qu'entretiennent les eaux des fontaines & d'un canal qui lie cette Ville au Panaro. Aussi le Tassoni, quoique Modénois, appelle-t-il Modene, par antonomasie, *la Città fetente* *.

Au milieu des boues de cette Ville, *crassoque sub aëre*, sont nés plusieurs personnages distingués dans les Sciences & dans les Arts, tels que le Cardinal Sadolet, Sigonius, le Molza, Castelvetro, le Tassoni, Fulvio Testi, Muratori, tous connus par des Poësies ou par d'excellens morceaux d'Histoire & de Critique; Fallope encore, l'un des premiers Anatomistes de l'Europe, & le Barozzi, dit Vignole, si connu par ses travaux sur l'architecture. Le bourg de Corrégio, situé sur la Lenza, entre Reggio & Modene, est célèbre par la naissance du Peintre qui en a pris le nom.

---

* Un autre Poëte Italien la définit en ces termes :

Modana è una Città di Lombardia,
Tra 'l Panaro è la Secchia, in un patano,
Dove si smerda ogni Fedel Cristiano
Che s'abbate à passar per questa via.

BOLOGNE.

LA situation de cette Ville est à-peu-près la même que celle de Reggio & de Modene : elle n'en differe qu'en ce qu'elle est serrée de plus près par l'Apennin, d'où coulent quantité de petites rivières & de ruisseaux, qui n'ayant pas un écoulement bien décidé, engraissent le terrein par des dépôts successifs, mais chargent l'air de vapeurs nuisibles à la santé.

Au milieu de ces eaux, on nous fit voir, avant que d'arriver à Bologne, la petite Isle où Octavien réuni à Marc-Antoine & à Lépide, forma ce Triumvirat, qui, par des routes dont lui seul connoissoit l'issue, le conduisit à l'Empire de l'Univers.

Tit. Liv. Lib. 17. Bologne conquise sur les Etrusques par les Gaulois Boïens, qui lui donnèrent le nom de *Boïona*, & ensuite sur les Gaulois par les Romains, qui la fortifièrent par de nombreuses Colonies, étoit, sous les premiers

SUR L'ITALIE. 211

Empereurs, Métropole de douze Cités. Antoine en avoit fait sa place d'armes dans la guerre qui aboutit au Triumvirat dont je viens de parler. Sous le déclin de l'Empire, Bologne ayant fait quelque pas vers la liberté, Gratien la brida par une Citadelle. Cette forteresse donna lieu à de nouveaux mouvemens; mais Théodose en tira une vengeance éclatante, en ruinant cette Ville, & en passant au fil de l'épée ses malheureux habitans.

BOLOGNE.
Plin. Lib. 38

Rebâtie par Théodose le jeune, elle passa depuis sous la domination des Lombards, & fit ensuite partie de l'Empire de Charlemagne. Enfin elle joua un des premiers rôles dans l'anarchie où tomba l'Italie sous les descendans de cet Empereur. Pendant les quatre siécles que dura cet état violent, au milieu des maux & des calamités qui en sont l'effet & la suite nécessaires, elle croissoit en grandeur, en forces & en richesses. Dans le cours du treiziéme siécle, elle conquit une partie de la Romagne; elle étendit sa domination sur le Modénois; elle soutint une guerre de trois années contre les Vénitiens qui l'attaquoient avec une armée de quarante mille hommes. Ses prétentions sur le Modénois & les guerres qu'elles occasionnèrent, avoient pour base un diplôme, par lequel Théodose II. en fondant l'Université de Bologne, lui concédoit une partie du territoire de Modene. Ce titre n'étoit autre chose qu'une inscription très-mal imitée de l'antique, & placée par les Bolonois dans l'Eglise de Saint Pétrone. A ce faux titre, les Modénois en opposerent un autre de pareille étoffe. C'est sur ce fondement que Bologne attribue encore aujourd'hui à Théodose II. l'institution de son Université.

Dans ces siécles orageux, ses Annales ne présentent pas deux années de suite pendant lesquelles, sous la même forme de gouvernement, elle ait persévéré dans sa soumission volontaire ou forcée aux Maîtres qu'elle se donnoit elle-même, ou qu'elle étoit nécessitée à recevoir. Ses écoles de Droit étoient son *Palladium* à double titre. Elles rassembloient de toutes les parties de l'Europe dix à douze mille Ecoliers de l'âge de vingt à trente ans. Cette bouillante jeuneſſe étoit d'autant plus diſpoſée à ſeconder les réſolutions & les vûes politiques du Conſeil de Bologne, que les Profeſſeurs occupoient communément les premières places de ce Conſeil.

Les Papes la dominèrent ſouvent de gré ou de force, au milieu de révolutions qui ne leur permettoient pas de s'en aſſurer ſolidement la poſſeſſion. Ce miracle étoit réſervé à Jules II. l'un des plus grands hommes, qu'offre l'Hiſtoire moderne*. L'aſpect terrible ſous lequel il ſe montra au peuple de Bologne, à l'entrée qu'il fit en cette Ville, le jour de la Saint Martin 1506, ſubjugua l'imagination de ce peuple mutin, fixa ſes irréſolutions, & le ſoumit au Gouvernement papal. Michel-Ange qui accompagnoit le Pape dans cette expédition, fit paſ-

_____

* *C'étoit un véritable homme que ce Pape Jules*, diſoit un bon Connoiſſeur en ce genre, *Mém. de Montluc*, L. 3.

ser l'air sous lequel il s'etoit montré aux Bolonois, dans la statue* de ce Pontife qu'il leur laissa, laquelle représentoit plutôt un Jupiter tonnant, qu'un Pontife qui bénit. Elle fut renversée & pulvérisée dans une dernière convulsion de la liberté expirante.

Depuis ce temps, la Ville de Bologne, aussi paisible, aussi calme qu'elle fut inquiette & turbulente, jouit, sous l'*ombelle* de l'Eglise, d'un reste de liberté dont elle n'a point été tentée d'abuser. Les conditions de cette liberté lui assurent le droit de fournir un Auditeur à la Rote, de tenir à la Cour du Pape un Ambassadeur ordinaire **, de n'avoir point de Citadelle, & de maintenir les biens de ses habitans à l'abri de la confiscation. Ces conditions également avantageuses au Pape & aux Bolonois, rappellent la condition de ces peuples qui, sous la Républi-

---

* Elle étoit en bronze.
** M. de Bentivoglio, de l'illustre Maison de ce nom, remplit cette ambassade depuis plusieurs années.

que Romaine, *majestatem Populi Romani comiter observabant.*

Par les motifs d'une sage politique, Léon X. choisit cette Ville pour l'entrevue dans laquelle le Concordat fut arrangé entre lui & François I. Quatorze années après, Clément VII. y couronna Charles-Quint. Enfin, en 1543, Paul III. y eut deux entrevues avec le même Empereur. Le séjour de Cours brillantes à Bologne, les liaisons que formoit ce séjour entre les Bolonois & les Courtisans François & Allemands, apprirent aux premiers à obéir, en leur montrant, dans de plus grands Seigneurs qu'eux, des hommes qui se faisoient un mérite & un honneur de l'obéissance.

Bologne est aujourd'hui partagée entre un peuple peu laborieux & une Noblesse peu opulente, à l'exception de quelques Maisons dont la magnificence, à la Romaine, est bornée à la grandeur d'un Palais & au brillant d'un équipage. Cette Noblesse attachée à la Cour de Rome, par les avantages qu'elle en attend, forme un corps très-nombreux, dont une

BOLOGNE.

partie doit son origine à l'ancienne anarchie, & l'autre aux concessions des Empereurs. Charles-Quint, en son particulier, créa deux cens Chevaliers, lors de son couronnement à Bologne. Le professorat & le commerce furent le Séminaire de ce Corps, qui s'entretient & se renouvelle par les mêmes moyens & les mêmes expédiens qui reproduisent la Noblesse dans tous les pays. Parmi les Maisons les plus connues des Etrangers par les dignités qui y sont entrées, il suffit de nommer les Ludovisi, Buon-Compagni, Lambertini, Bentivoli, Pépoli, Azzolini, Grassi, Davia, Spada, Riari, Compeggi, Monti, Aldrovandi, Malvezzi, Marsigli, &c.

Des manufactures de différentes espèces, furent la source des richesses & de la grandeur de Bologne. Aujourd'hui on y organcine une quantité considérable de soies, au moyen de machines que l'eau fait mouvoir, & qui simplifient beaucoup la main-d'œuvre. Presque toutes ces soies passent en France & en Angleterre. Il y a encore quelques fabriques

fabriques de crêpes & de gazes, dont l'Allemagne est le principal débouché. Tout l'Univers connoît le ratafiat, les saucissons & les mortadeles qui sont comme l'élixir du produit du territoire Bolonois : c'est-à-dire, des eaux-de-vie dans lesquelles se convertit tout l'excédent du vin du pays, & du bétail très-nombreux qui couvre ses fertiles campagnes. Le chanvre est une des plus importantes productions de ce territoire : elle en seroit la plus utile aux habitans, si elle occupoit des manufactures du pays; mais presque tout en sort en écru, mal préparé & au plus vil prix, faute de débouché. A peine en fait-on usage pour la fabrication de quelques mauvaises toiles à l'usage du bas peuple. Le commerce passif de draps, toiles & soieries, y est à peu près sur le même pied qu'à Modene & à Reggio. Les maisons de commerce font leur capital des foires d'Italie qu'elles suivent exactement.

Bologne est bâtie en portiques; ainsi que Modene & Reggio, & avec les mêmes désagrémens & les

BOLOGNE.

même inconvéniens. Le Palais public est le plus considérable de ses bâtimens : il a servi de logement aux Papes & aux Souverains, dans les entrevues dont j'ai parlé ; il loge aujourd'hui le Légat, les Chefs du Gouvernement Citadin, & les principaux Tribunaux. Au-devant, est une grande place irrégulière, dont sa façade occupe une partie : la façade de l'Eglise de Saint Pétrone en occupe une autre en retour. La statue de Jules II. par Michel-Ange, avoit été érigée dans cette place. On y voit aujourd'hui un Neptune colossal de Jean Bologne, sur lequel les mères ne permettent pas à leur *zitelle*, de porter les yeux. Il orne une fontaine dont les jets sont d'une mesquinerie peu commune en Italie à cet égard. L'Eglise de Saint Pétrone * est la plus belle de Bologne,

---

* Saint Pétrone, ancien Evêque de Bologne, en est aujourd'hui le premier Patron. C'est par cette raison que, dans le Poëme de la *Secchia rapita*, les Bolonois sont si souvent nommés *Petronii*. Par une erreur bien digne de l'ignorance des siécles où ils vivoient, Vincent de Beauvais, en son *Miroir*

quant à l'étendue de sa nef & de ses bas-côtés. On y voit la fameuse méridienne qui fit la fortune de Dominique Cassini: elle a été renouvellée dans ce siécle, & ce renouvellement

---

historial, Liv. XX. ch. 25. & S. Antonin, dans sa *Somme*, ont confondu cet Evêque de Bologne, avec Pétrone, le plus impur de tous les Ecrivains Romains. Vincent de Beauvais, après avoir rapporté quelques passages de la Satyre de ce dernier, lui attribue une compilation des Régles Monastiques des Solitaires de l'Egypte. M. de la Monnoye nous a conservé, dans le *Ménagiana*, un *quiproquo* encore plus singulier, auquel donne lieu cette ressemblance de nom. Meiboom le fils, ayant lu dans un Itinéraire d'Italie nouvellement publié : *Petronius Bononiæ integer asservatur, ipsumque ego, meis oculis, non sine admiratione vidi*, crut que l'on venoit de découvrir à Bologne un Manuscrit entier & complet de la fameuse Satyre de Pétrone, & il partit de Lubeck pour voir cette merveille sur le lieu. Arrivé à Bologne, il va chez un Antiquaire le Livre à la main, & lui demande si le fait qui s'y trouve annoncé est véritable. L'Antiquaire le lui confirme, & le conduit à l'Eglise de Saint Pétrone, dont le Sacristain mandé pour cela, lui fait voir le *Petronium integrum*, c'est-à-dire, le corps du saint Evêque conservé en entier.

BOLOGNE. est annoncé par une très-magnifique inscription. Toutes les autres Eglises de Bologne n'ont qu'une nef, avec quelques Chapelles collatérales appliquées aux murs ou pratiquées en hors-d'œuvre. Si toutes ces Eglises étoient aussi vastes que celle de Saint Pétrone, Bologne ne suffiroit pas pour les contenir, puisque l'on compte dans son enceinte (environ cinq milles), cent quatre-vingt bâtimens sacrés, tant Basiliques ou Paroisses, qu'Eglises de Maisons religieuses ou Chapelles de Confrairies. La Cathédrale, entièrement bâtie à la moderne, venoit d'être achevée, & son portail élevé sur les desseins de Torrégiani, au moyen des fonds donnés ou procurés par Benoît XIV. Bologne a plusieurs Monastères très-riches. Un de ces Monastères, de l'Ordre de Saint Benoît, avoit donné quelques biens à la charge d'une redevance singulière consignée par le Muratori, dans ses recherches sur les biens donnés à cens *. Au dîné du jour de la fête

―――――――――――
* A *Livello.*

patronale de l'Abbaye, le Censitaire se présentoit à l'Abbé avec une écuelle couverte, garnie d'une poularde au riz. Il ouvroit cette écuelle, la passoit sous le nez de l'Abbé, & s'en alloit avec sa poularde, dont il ne devoit à l'Abbé que la fumée.

Les nombreux Palais de Bologne en feroient le principal ornement, s'ils n'étoient pas presque tous masqués par ces vilains portiques. On bâtissoit un théâtre sur un plan isolé de tous côtés : nous n'avons trouvé nulle part, dans aucun bâtiment moderne de cette espèce, rien d'aussi noblement décoré à l'extérieur. Pour la disposition intérieure, on a emprunté de l'antique & du moderne ce qui paroissoit le plus analogue à la destination de l'édifice, sans en exclure les ornemens qui y sont distribués avec une sage économie. Si la Ville de Paris pensoit jamais à se donner un théâtre *, celui-là seroit le premier modele à consulter.

---

* Elle y a pensé, mais sans se détacher de l'ancienne forme des Jeux de paume : *Hodieque manent vestigia ruris.*

BOLOGNE.

Mais en quoi Bologne l'emporte sur les établissemens publics, formés dans les derniers siécles, sans peut-être le céder à l'antiquité, c'est par son célèbre INSTITUT. Les Sciences & les Arts réunis dans un des plus beaux Palais de cette Ville, & liés, pour ainsi dire, par une Bibliothéque bien remplie dans toutes les facultés, ne laissent rien désirer à l'intérêt du Citoyen & à la curiosité de l'Etranger. L'Astronomie y a un observatoire fourni des meilleurs instrumens : l'Anatomie, un amphithéâtre décoré des statues des plus fameux Médecins anciens & modernes, avec une salle remplie d'une suite complette de piéces anatomiques exécutées en cire : la Peinture & la Sculpture, un appartement complet pour leurs études & leurs exercices, & deux salles remplies des plus précieux restes de l'antiquité, modelés sur les originaux : l'Architecture a, pour ses éleves, une salle ornée de desseins & de modeles des plus belles constructions anciennes & modernes, parmi lesquels on voit en petit tous les obélisques de Rome. Ajoutez à cet assemblage d'études dans tous les genres, de riches Cabinets de Médailles, d'Antiques & d'Histoire naturelle ; imaginez tout cela animé par la voix & par les leçons d'habiles Professeurs pour chaque art & pour chaque science, & vous vous formerez une idée de la magnificence de cet établissement, qui doit presque toutes ses richesses à l'amour de Benoît XIV. pour sa patrie, où sa famille étoit recommandable dès le treiziéme siécle, par les talens d'un *Sarraccino de' Lambertini*, qui fut appellé de Bologne par les Modénois, pour être leur Podestat.

C'est ce grand Pape qui a meublé l'observatoire d'instrumens exécutés à ses frais, par les plus habiles Artistes d'Angleterre. Il a fait faire en cire, par Hercule Lelli, la Collection des piéces anatomiques. L'Abbé-Comte Farsetti, Vénitien, lui ayant demandé la permission de faire mouler les plus belles Antiques de Rome, il ne la lui accorda qu'à condition qu'il feroit faire deux copies de chaque morceau, s'en réservant le choix, au prix que M. Farsetti fixeroit lui-même; ce qui ponctuellement exécuté, a formé pour le Pape une Collection aussi complette que précieuse pour l'exécution. Il la fit aussi-tôt passer à Bologne, où elle remplit, au pied de la lettre, trois grandes piéces de l'Institut. Il est à désirer qu'on prenne le parti de la répandre dans les autres piéces qu'elle embellira, sans rien perdre de son prix: l'ensemble lui donnant trop l'air de magasin, & d'ailleurs une belle statue n'étant déplacée nulle part.

La munificence de Benoît XIV. ne brille pas avec moins d'éclat dans la Bibliothéque de l'Institut. A son avénement au Pontificat, il lui avoit abandonné sa Bibliothéque particulière, avec une grande quantité de notes & de recueils de sa main. En parcourant ces notes, je tombai par hasard sur celles qu'il tenoit de ses Prêtres, lorsqu'il étoit Archevêque de Bologne. Chaque sujet y est caractérisé en deux mots. J'en vis plusieurs d'une énergie singulière, qui prouvent, & qu'il connoissoit les hommes, & qu'il vouloit exactement connoître ceux qu'il employoit.

Les graces que les Souverains veulent bien recevoir du Pape, sont l'objet d'un commerce réglé entr'eux & Rome : commerce souvent très-lucratif pour les Papes, & dont le produit est appliqué, par les Papes ordinaires, au profit de leur famille ou de leurs favoris. Benoît XIV. aussi détaché de toutes vûes d'intérêt pour les siens, qu'il l'avoit été pour lui-même dans sa vie privée, ne laissoit de ce côté aucune prise sur lui aux Ministres étrangers, qui l'attaquèrent enfin par son goût pour les Livres. La France, plus en état de fournir à ce goût qu'aucune autre Puissance, n'épargnoit rien pour le satisfaire. Toutes les Editions du Louvre, anciennes & modernes, la Polyglotte de le Jay, l'Histoire Byzantine, les Collections des Conciles, les grands Ouvrages d'érudition sacrée & profane, toutes les bonnes productions de la Typographie Françoise, arrivoient en foule à Rome, revêtues des reliûres les plus élégantes & les plus recherchées. Le Pape les recevoit avec transport, &, après quelques mois de jouissance, les faisoit passer à Bologne. Soit qu'on ne tînt pas en France une note bien exacte des envois & de ce qui les composoit, soit que l'intérêt des Libraires en ordonnât ainsi, les mêmes Livres étoient quelquefois répétés, & la Bibliothéque de l'Institut en possede par *duplicata* plusieurs des plus importans. Les autres Puissances suivoient l'exemple de la France: l'Angleterre elle-même entra dans cette contribution, qui tournoit au profit de l'Institut; & Benoît XIV. lui a légué, en mourant, tout ce qui lui restoit de Livres, de Notes & de Recueils.

Avant l'établissement de l'Institut, Bologne avoit une Bibliothéque conservée au Palais public, & qui depuis a été versée dans celle de l'Institut, où l'on voit aujourd'hui un trésor qui n'appartient vraiment qu'à elle. Ce trésor est une Collection complette en près de deux cens volumes, très-grands *in-folio*, de tous les travaux du célèbre Aldrovandi sur l'Histoire naturelle. Elle est formée de desseins coloriés de fossiles, de plantes & d'animaux, exécutés par les meilleurs Dessinateurs en ce genre, sous les yeux d'Aldrovande, qui y a joint des descriptions détaillées & des observations. Qui pourra jamais évaluer un trésor de cette nature, lorsque le goût pour l'Histoire naturelle aura absorbé tous les autres goûts?

Un voyageur seroit aveugle, s'il n'avoit pas vu à Bologne la tour *degli Asinelli* & la fameuse *Garisende*, qui n'a pourtant rien de comparable à la tour de Pise *. Ces tours, bâties en briques, sont fort communes dans les

___

* La *Garisende*, bâtie en 1110, étoit dès le treiziéme siécle inclinée comme on la voit aujourd'hui. Elle a fourni au Dante cette comparaison:

Quel pare à riguardar la Garisenda,
Satto l' chinato, quando un nuvol vada
Sôvr' essa; siche della incontro penda:
Tal parve Anteo à me, che stava à bada
Di vederlo chinare . . . .

Inferno, Canto 31.

BOLOGNE. Villes de la Lombardie & de la Toscane: c'étoient des citadelles domestiques également nécessaires dans les temps d'anarchie, & au Citoyen paisible & au Citoyen turbulent. Si elles ont quelque chose de remarquable, c'est la qualité du mortier ou ciment qui y a été employé. Les briques sont la matière la plus commune de tous les édifices d'Italie. Les plus vastes Eglises, les plus grands Palais en sont bâtis: la pierre n'y est employée, ainsi que le marbre, qu'en simple parement. Les Architectes François n'usent pas assez de cette ressource dans les lieux où la pierre est rare: ils pourroient cependant d'autant mieux s'en servir, qu'il s'en faut beaucoup que le bois nécessaire pour la cuisson de la brique, soit aussi rare en France, qu'il l'est en Italie.

Ce que Bologne offre de vraiment singulier en édifices, c'est cette galerie ou ce portique couvert, fermé au Nord & ouvert au Midi, qui, dans la longueur d'une lieue de France, conduit à la *Madonna di S. Luca.* En voyant cette galerie pour la première fois, je la regardai comme un gymnase ou lieu d'exercice public, bâti par ordonnance de la Faculté de Médecine, pour procurer en tout temps aux Bolonois l'exercice de la promenade, d'autant plus necessaire à leur santé, qu'ils vivent dans un air lourd & épais. En apprenant depuis l'objet de cet édifice, je ne fus pas encore détrompé : je le fus entièrement, quand je sçus que la Noblesse, c'est-à-dire, près de la moitié de la Ville, ne se promenoit jamais à pied, *per la dignità*. Dans les dernières guerres d'Italie, les Allemands dont le camp fut long-temps appuyé à ce portique, y avoient établi leurs cuisines, qui l'ont fort endommagé.

Nous arrivons enfin à ce qui, caractérisant singulièrement Bologne, la met de pair avec les premières Villes d'Italie : c'est l'Ecole des Carraches, ce sont les chefs-d'œuvre de cette Ecole qui remplissent les Eglises, les Chapelles, les Palais, les maisons particulières & les rues même de Bologne.

La Peinture, en s'écartant des routes que lui avoient ouvertes Raphaël & Michel-Ange, s'étoit jettée dans des sentiers détournés, où elle ne suivoit plus de lumières que celles du caprice, lorsque, vers l'année 1580, Louis Carrache ouvrit son Ecole *. A la sévérité du dessein, cette Ecole allioit l'Etude de toutes les beautés que le Titien, Paul Véronèse, & sur-tout le Corrége, avoient puisées dans l'imitation de la nature. Louis avoit trouvé dans Augustin & dans Annibal ses cousins, des talens qu'il avoit dirigés au même but par les mêmes voies; & ces trois hommes réunis formèrent en peu de temps des Eleves dignes d'eux & de leurs vûes. Parmi ces Eleves, tout le monde connoît le Guide, le Dominiquin, le Guerchin & l'Albane. Le Cavédone, le Tiarini, le Garbieri, le Canuti, quoique très-grands dans leur art, sont moins connus des Etrangers. Les trois Carraches ne se ressembloient point entr'eux; leurs Eleves ne ressembloient à leurs Maîtres que

*Lapsanti Picturæ suffectus Hercules, dit un Italien.

par l'aisance, le naturel & la facilité qui faisoient disparoître de leurs compositions l'art & le travail *. Libres de cette servitude qu'imposent les Maîtres ordinaires, chacun d'eux ne travailloit que d'après son propre génie; & c'est d'eux sur-tout que l'on peut dire ce que disoit Cicéron des plus célèbres Peintres de l'ancienne Grèce **. La différence de la manière que chacun de ces Peintres s'étoit faite, a partagé les goûts & les jugemens dans la distribution des rangs entr'eux. Rome & Bologne sont très-peu d'accord à cet égard. Rome préfere Annibal Carrache à Louis, & le Guide au Dominiquin. Bologne, en élevant Louis au-dessus d'Annibal, & le Dominiquin au-dessus du Guide, est elle-même partagée entre le Guide & l'Albane. Mais il suffit, pour la gloire de ces grands Maîtres, que

---

* *Ars illa summa est, ne ars esse videatur.* Quintil. L. 1. Cap. 12.
** *Omnes inter se dissimiles fuerunt, sed ita tamen ut neminem sui velis esse dissimilem.* De Orat. L. 3. init.

tout ce qui a des yeux s'accorde à les admirer.

Je n'entrerai point dans le détail de leurs ouvrages que l'on voit à Bologne : ce détail remplit un volume de quatre cens pages, qui se débite en cette Ville. On y trouve aussi les vies de tous les Peintres Bolonois, qui composent plusieurs volumes in-4°. Je n'ai point lu ces vies ; mais il est fort à désirer pour les Lecteurs, qu'elles se soient préservées de l'enflûre qui regne dans la nomenclature de leurs différens ouvrages *.

Parmi cette foule de chefs-d'œuvre, il en est quelques-uns qui m'ont plus singulièrement affecté par des raisons dont je vais présentement rendre compte.

1°. Un Saint Pierre pleurant, du

───────────────

* En voici un échantillon pris au hasard : *Nel intrar in chiesa* (del Corpus Domini) *in un subito ingombra tutta l'admirazione del Passaggiere, la vaghezza del maestoso dipinto che orna tutte le di lei sacre mura, rappresentando vivamente le gesta e le virtù della nostra Santa Heroïna* (Santa Caterina di Bologna).

Guide, au palais Zampiéri, parfaitement bien conservé. De tous les tableaux que j'ai jamais vus, aucun ne m'a autant frappé que celui-là. Ce Saint Pierre, qu'un Apôtre console, est de grandeur naturelle : la Peinture ne peut porter l'illusion plus loin*.

2°. Du même Maître, dans l'Eglise *de' Mendicanti*, Job remis sur le trône : tableau peut-être moins beau aux yeux des grands Connoisseurs, que celui du maître-autel, qui est aussi du même Maître, mais que j'aimerois beaucoup mieux. Dans une foule de gens qui offrent des présens à Job rétabli, le Peintre a saisi avec toute la finesse, & rendu avec toute la vérité possible, les différentes nuances de l'intérêt que la différence d'âge, de rang, de condition pouvoit mettre entre tous ces personnages. Ce sujet singulier, & qu'aucun

---

* Les Grecs avoient de bien grands Maîtres en ce genre, si ce que disoit Pline d'un de leurs tableaux, étoit aussi vrai qu'il l'est de celui-ci : *Caput, crus & pedes eminent, & extrà tabulam videntur.*

BOLOGNE.

autre Peintre n'a traité, étoit fans doute une allégorie, dans laquelle le Guide avoit peut-être en vûe Frédéric V. Electeur Palatin, élu Roi de Bohême en 1619, & mis au Ban de l'Empire en 1620. Si ce Prince fût parvenu au trône où il avoit été appellé, il eût trouvé fon hiftoire dans ce tableau, qu'il auroit fûrement payé en Roi. Je laiffe aux Sçavans plus verfés que moi dans la connoiffance des détails de l'hiftoire des Peintres le foin de vérifier cette conjecture, par la combinaifon des dates que je viens d'indiquer, avec celle qu'ils fixeront à ce tableau.

3°. Dans la même Eglife, le Tiarini a repréfenté Saint Jofeph que des Anges ramenent aux pieds de la Vierge, avec laquelle il s'explique fur fa groffeffe. Des voifins & des voifines, témoins de cette explication, forment un acceffoire pris dans la vie commune, & traité avec une naïveté qui ne déroge point à la dignité du fujet principal.

4°. Parmi les chefs-d'œuvre des Carraches & de leur Ecole, dont est rempli le Monastère de Saint Michel *in Bosco*, l'idée de quelques peintures qui ornent la Bibliothéque m'a singulièrement frappé. Chaque faculté indiquée ordinairement dans les Bibliothéques par une inscription, est là désignée par deux personnages qui y ont excellé, & qui, couchés sur les deux rampes d'un fronton feint, conférent entr'eux, ou vivement ou paisiblement, ou finement ou lourdement, suivant le caractère de leurs Ouvrages, & celui de la faculté qu'ils indiquent. Par exemple, sur le fronton qui domine la Philosophie scholastique, le Peintre a représenté le Docteur Angélique disputant avec le Docteur Subtil, sur l'universel *à parte rei*. Ce morceau plein de feu & d'expression, semble un modèle tout fait pour mettre sous les yeux la dispute où *Panurge fit Quinault l'Anglois qui arguoit par signes**. Ces personnages, de grandeur naturelle, ont été exécutés par le Canuti, qui dût sans doute les premières idées de chaque

_____

* Rabelais, Liv. II. l. 19.

grouppe à l'Abbé Pépoli, aux soins duquel la Bibliothéque doit cet embelliffement.

5°. Un Hercule à fresque dans un sallon du Palais Graffi. Louis Carrache l'avoit peint sur un mur de sa maison, d'où il a été transporté avec une partie de ce mur, dans le lieu où on le voit aujourd'hui. Cette figure de grandeur coloffale, suffiroit pour donner la plus haute idée des talens de Louis Carrache. Le temps & peut-être le nouvel enduit sur lequel elle a été apliquée, en a un peu dégradé la couleur.

Les *Madones* peintes dans la plûpart des vuides que laiffe l'inégalité d'élévation dans les portiques qui bordent les rues, sont pour la plûpart des meilleurs Maîtres. Ce n'est qu'à Bologne qu'on voit dans les rues des morceaux auffi précieux.

La profusion de peintures qu'offre cette Ville, m'a fait naître la curiosité de sçavoir quel prix les Carraches & leurs Eléves mettoient aux tableaux qui sortoient de leurs mains ; & j'ai sçu que ce prix n'étoit presque rien en comparaison de celui où ils feroient portés aujourd'hui. Il fuffit de dire, que le Martyre de Sainte Agnès, tableau de la grandeur de ceux du May, que l'on voit à Notre-Dame de Paris, & l'un des premiers tableaux d'Italie, ne fut payé au Dominiquin que quarante fequins, c'eft-à-dire, environ quatre cents cinquante livres monnoie actuelle de France. Tous ces grands Peintres, travaillant par goût, concentroient leur ambition dans la perfection de leur art & dans le jugement de la poftérité *. Le Guide eft le feul qui ait eu le bonheur de jouir de fa réputation, fur laquelle il bâtit, prefque à fon infçu, une for-

* *Lyfippum*, dit Pétrone, *ftatuæ unius lineamentis inhærentem inopia extinxit, & Myron qui pænè animas hominum ferarumque ære comprehenderat, non invenit hæredem. At nos epulis fcortifque demerfi, ne paratas quidem artes audemus cognofcere, fed accufatores antiquitatis, vitia tantùm docemus & difcimus...... Pecuniæ cupiditas hæc tropica inftituit. Prifcis temporibus, cùm nuda virtus adhuc placeret, vigebant artes ingenuæ, fummumque certamen inter homines erat, ne quid profuturum fæculis diù lateret.*

tune qu'il ne sçut pas conserver. Il avoit poussé fort loin une carrière dans laquelle il étoit entré de bonne heure : il travailloit avec une facilité dont il abusa dans ses derniers temps, & le bien qu'il amassa, étoit le produit des hommages que les Etrangers & les Souverains rendoient à ses talens.

Les chagrins, les inimitiés, les tracasseries qui empoisonnèrent la vie de ces hommes célèbres, & qui abrégèrent les jours de plusieurs, sont des faits à ajouter aux exemples qui prouvent que les dons du génie & les grandes réputations, sont rarement le bonheur de ceux à qui la fortune les distribue, & qu'au contraire ils sont très-souvent la cause de leurs malheurs. Les Carraches eussent pu être heureux, en suivant la profession de Tailleurs d'habits, dans laquelle Louis étoit né, & à laquelle il enleva Annibal & Augustin ; mais leurs noms seroient maintenant ignorés. Enfin, les grands Artistes, les grands Poëtes, les grands Ecrivains ne commencent à vivre qu'en mourant ;

l'envie, la jalousie, les cabales conjurées contr'eux ne leur permettent de jouir de la vie qu'après le tombeau *.

Au dernier siécle, Bologne avoit dans cette profession, un homme très-célèbre par ses connoissances dans l'art de la Peinture, & par la finesse & la sûreté du coup d'œil sur le mérite des compositions en ce genre, & sur les différentes manières des Ecoles & des Maîtres. Ce Tailleur étoit en même temps grand politique : sa boutique étoit le Bureau d'adresse des nouvelles que la Cour de Versailles faisoit répandre en Italie. A titre de connoisseur en tableaux & de politique, il étoit pensionné de Louis XIV. Son attachement à ce Prince & à ses intérêts étoit tel, qu'il mourut d'un saisissement que lui causa la fâcheuse nou-

---

* Cette pensée, rendue avec autant de finesse que de précision, termine l'Epitaphe du célèbre Poëte Owen :

Poëta
Tunc demùm vitam, cùm moriuntur, agunt.

velle de la perte de la bataille de Ramillies ou d'Hochstet.

Le métier de Tailleur d'habits a donné à l'Italie un homme aussi merveilleux dans la Littérature, que les Carraches le furent dans la Peinture : c'est Jean-Baptiste Gelli, né à Florence en 1498. La Langue Italienne, dont il connut toutes les finesses, le compte parmi ceux qui ont le plus contribué à la fixer ; il y travailla par des Leçons publiques & par des écrits qui n'ont point vieilli. Il donna des Comédies, parmi lesquelles il suffit de nommer *la Sporta*, qui a mérité d'être attribuée à Machiavel. Il traduisit en Italien quelques Piéces du Théâtre des Grecs : ses Dialogues, ses *Caprici*, sa *Circé* offrent la plus saine Philosophie embellie de tous les agrémens qu'y peuvent répandre la gaieté & l'aménité. Cependant cet Ecrivain ne quitta point le métier de Tailleur. Occupé toute la semaine à sa boutique, il ne donnoit à son cabinet que le loisir des Fêtes & des Dimanches. Il s'en explique ainsi lui-même dans une Lettre qu'il écrivoit

voit en 1553 à Melchiori*, qui lui avoit prodigué des titres assortis à ses talens; titres qu'il rejette modestement, comme peu convenables à la bassesse de son état.

Les Ecrivains postérieurs n'ont point tû l'alliance qu'il avoit établie entre la plume & l'aiguille. Pasquier dit dans la première de ses Lettres : *Nous avons vu dans notre jeune âge à Florence, J. B. Gello exerçant la Couture avec les Lettres.*

Matthieu Toscan, dans son *Peplus Italiæ*, lui a consacré ces deux Distiques :

Quæ calamo æternos conscripsit dextera libros,
  Crebrò cum gemino forcipe vexit acum.

Induit hic hominum peritura corpora veste;
  Sensa tamen libris non peritura dedit.

Luigi Tansillo a dit aussi de lui :

Con ago e penna i vostri amici, voi

---

* Voyez le Recueil de Lettres donné en 1563, par Paul Manuce, sous le titre de *Lettere di diversi nobilissimi Uomini*.

*Or d'habito adorniate, ed hor di gloria,
E fate veste al tempo e veste eterna.*

Son Oraison funèbre, imprimée en 1563, fut composée & prononcée par un Tailleur *.

Il seroit sans doute de l'intérêt de la République des Lettres, non-seulement que ceux en état d'y figurer, comme le Gelli, fussent attachés à une profession, mais encore qu'un métier offrît la ressource qu'elle est, pour ainsi dire, forcée de donner à cette foule d'Ecrivains dont les compositions faméliques la deshonorent.

L'Ecole des Carraches a subsisté avec honneur jusqu'à nos jours. Carlo Cignani, éleve de l'Albane, & plus grand Peintre que son Maître, a vécu & travaillé jusqu'en 1719. M. Smith, Consul d'Angleterre à Venise, ayant rassemblé des desseins originaux de ce Maître, les a fait graver sous ses yeux par Jean-Michel Liotard, de Genêve, & en a fait

_____
* *Notizie Letterarie dell' Academia Fiorentina.*

publier une description, avec des explications qui n'ont rien de recommandable que quelques détails sur la vie du Cignani. Cette description parut à Venise en l'année 1749.

On peut juger de l'état où les Carraches avoient trouvé la Peinture à Bologne, par la nomenclature que Léandro Alberti nous a laissée des Bolonois qui s'y étoient distingués jufqu'au temps où il écrivoit, c'est-à-dire, vers le milieu du feiziéme siécle. Cette nomenclature n'indique que cinq ou six Artistes, & à peine en existe-t-il aujourd'hui quelques monumens obscurs ou perdus dans une foule qui les efface.

Bologne a un idiôme ou patois qui lui est particulier; & l'on y prononce l'Italien ordinaire d'une manière qui le dénature, même pour des oreilles Italiennes. Le Poëme de la *Secchia rapita* offre plusieurs exemples de ce patois & de cette mauvaise prononciation que l'on trouve dans la bouche des *Docteurs* des Troupes Italiennes. Le feu Pape Benoît XIV. ne l'avoit point perdu,

BOLOGNE. & il le reprenoit assez volontiers lorsqu'il traitoit avec chaleur quelque affaire. Dans celle de Venise qu'il avoit prise très-chaudement, à une Audience qu'il donnoit à M. Capello, Ambassadeur Vénitien, cet Ambassadeur l'interrompoit fréquemment & par des objections & par des récits contraires de faits. Le Pape impatienté lui demanda avec colère, s'il avoit été quelquefois à la Comédie : Que fait cela à l'affaire, répondit brusquement M. Capello ? Cela fait, répartit le Pape, que vous avez dû y voir *che quando parla il* DOTTORE, *tace il* PANTALONE.

Les lumières que j'ai recueillies à Bologne, je les dois pour la plus grande partie aux égards de M. le Marquis de Grassi & de M. l'Abbé Monti, pour les recommandations que je leur présentai. M. le Marquis de Grassi, l'un des Chefs du Conseil qui gouverne Bologne, est plein de vûes réfléchies & de projets bien combinés, pour remédier au dépérissement du commerce & des manufactures de sa patrie, soit en ranimant les anciennes manufactures, soit par l'établissement de nouvelles. Les matières premières s'y offrent à l'industrie : que ne pourroit pas cette industrie, en s'exerçant sur la soie & sur le chanvre dont Bologne regorge, & dont elle se dépouille au profit de l'industrie étrangère ? Mais il semble que le Gouvernement pontifical, & la paix inaltérable qui le suit, ayent jetté Bologne dans un engourdissement dont elle étoit très-éloignée dans les siécles orageux dont j'ai tracé une légère idée au commencement de cet article.

Le mouvement où nous trouvâmes les Négocians de Bologne pour la foire de Sinigaglia, nous fit naître le désir de voir cette foire, qui se rencontroit à-peu-près sur notre route. Bologne n'est éloignée de Sinigaglia, que de douze postes, presque doubles de celles de France, ainsi que toutes les postes d'Italie depuis Milan. Nous fîmes assez rapidement ce chemin, dans lequel une Ville se présente à chaque poste. On voit ainsi successivement Imola,

BOLOGNE. Faenza, Forli, Céfene, Rimini, la Catolica, les Etats de la République de San-Marino, Pézaro, Fano & Sinigaglia, en paſſant, preſque à moitié chemin, la fameuſe rivière du Rubicon.

LA ROMAGNE

ET LE TERRITOIRE QUI EN DÉPEND.

Les Villes que je viens de nommer, à la fin de l'article précédent, forment la partie la plus considérable & même la plus importante de la Romagne. Nous ne les vîmes pas assez, pour examiner dans le plus grand détail les beautés dont elles ne sont point dénuées, mais assez pour être las de la canaille oisive, insolente & armée, qui garnit le pavé de ces Villes, sur-tout des quatre premières.

Les Romagnoles & les Peuples qui habitent les rives du Pô, ont une origine commune avec les François d'aujourd'hui. Ils descendent de ces anciens Gaulois qui suivirent Brennus, il y a plus de deux mille ans. La partie de l'Italie voisine de la Mer Adriatique, prit les noms des Provinces de la Gaule, d'où ces Peuples étoient sortis, soit parce qu'ils s'établissoient en Corps Pro-

L iv

vinciaux, soit qu'unis au hasard ils ne fussent guidés dans cette nomenclature, que par la ressemblance des pays & des sites. Ainsi Bologne devint la Capitale d'un nouveau Berry * : une partie de l'Umbrie prit le nom des Sénonois: les pays voisins de l'embouchure du Pô, celui des Peuples qui avoient quitté l'embouchure de la Loire; & ces derniers eurent pour voisins de nouveaux Manceaux * *. En vain chercheroit-on, entre ces Gaulois fixés en Italie & les François d'aujourd'hui, quelques vestiges d'une origine commune : les mœurs, les usages, les idées n'offrent, depuis bien des siécles, aucune ressemblance entr'eux. Ils ne se ressemblèrent même jamais moins, que par le parti que prit l'un & l'autre Peuple en une matière de la dernière importance, & dans des circonstances semblables. L'affoiblissement de l'autorité Impériale, sous les descendans de Charlemagne, appella les Gaulois devenus

---

* *Boii.*
* * *Cenomani.*

Lombards & Romagnoles, à la liberté qu'ils maintinrent pendant près de trois siécles, moins à force ouverte, que par la souplesse d'une politique toujours en action.

Les Vénitiens, dans ce temps, s'étoient hâtés de profiter de l'anarchie, pour assurer les fondemens de leur Empire. Pressés par cette Puissance & par les Papes qui travailloient & ne négligeoient rien pour se faire aussi un Etat indépendant, harcelés de temps en temps par les Empereurs, qui, l'épée à la main, venoient quelquefois réclamer leurs droits oubliés, les Lombards & les Romagnoles se donnoient alternativement à l'une ou à l'autre de ces Puissances, qui les traitoient avec les égards dûs à de nouvelles conquêtes. Ils secouoient le joug, dès qu'il commençoit à se faire sentir. Les coups de main les plus hardis décidoient souvent ces révolutions, à la faveur desquelles ces Peuples rentroient dans l'indépendance. Ces intervalles étoient occupés par de petits Tyrans ou étrangers ou domestiques, que l'on chassoit, ou dont on se défaisoit, soit sur de simples soupçons, soit par caprice *. En un mot, jusqu'à Jules II. qui mit sur ces Peuples inquiets un joug dont ils n'ont pas encore pensé à se dé-

---

* Cet état violent des Villes Italiennes est très-bien peint par le Tassoni au commencement de son Poëme de la *Secchia* :

Liete, in cambio d'arrecarsi ajuto,
L'Italiche Città del suo periglio
Ruzzavano tra lor, non altrimenti
Che disciolte polledre à calci e denti.

Sol la Reina del mar d'Adria volta
Del' Oriente à le Provincie, à i regni,
Da le discordie altrui libera e sciolta
Ruminava sedendo alti disegni :
E gran parte di Grecia avea gia volta
Di mano à gli empi usurpatori indegni :
L'altre attendean le feste al suon di squille
A dare il sacco à le vicine Ville.

Part' eran Gibelline e favorite
Dal Imperio Aleman, per suo interesse :
Part' eran Guelfe : e con la Chiesa unite
Ma non aveani dal Papa altro che Messe.

barrasser, ils surent conserver une liberté qui leur échappoit à chaque instant. L'amour de l'indépendance a survécu chez eux à la liberté : il a choisi l'oisiveté pour dernier retranchement.

Sous cette anarchie, que nous ne connoissons que par de mauvaises Annales *, l'état de la Lombardie & de la Romagne fut le même que celui de la Grèce, sous ces brillantes époques auxquelles les Hérodotes & les Thucydides ont attaché l'admiration de tous les siécles **.

L'état de la France, à laquelle il faut revenir, fut bien différent sous cette même anarchie qu'y introduisit l'affoiblissement de l'autorité Royale entre les mains des descen-

---

* C'est sans doute d'après ces Annales, que ce *bon rompu* de Rabelais, ainsi que l'appelle Brantôme, a forgé le *Poltronismus rerum Italicarum*, qui fait partie de sa Bibliothéque de Saint Victor.

** *Vixére fortes post Agamemnona*
Multi : sed omnes illacrymabiles
Urgentur, ignotique longâ
Nocte, carent quia vate sacro.

dans de Charlemagne. Tandis que des Usurpateurs établissoient une nouvelle forme de gouvernement sur les ruines de cette autorité, l'amour, l'idée même de la liberté s'effaçoit dans le peuple, qui sembla préférer une servitude paisible à une liberté toujours armée. Les nouveaux Maîtres des diverses Provinces trouvèrent dans le François, devenu serf, une obéissance & une soumission d'autant plus merveilleuses, que ce peuple toujours brave vouloit bien ne faire usage de sa valeur, qu'au profit de ses Maîtres.

Lequel de ce peuple ou de celui de la Lombardie & de la Romagne, fut alors le plus heureux ? Question délicate, à la décision de laquelle on arrivera plus sûrement, par une connoissance approfondie du caractère propre à chacun de ces peuples, que par des considérations morales, ou par des spéculations politiques.

Les Villes que nous vîmes dans notre course de Bologne à Sinigaglia, sont bien bâties, & sans portiques. Elles ont des Eglises ornées de tableaux, des palais élevés sur de bons desseins, des places & des fontaines. La Romagne a même eu une Ecole de Peinture qui lui est particulière. Cette Ecole eut pour chef le Barocci, dont les compositions n'ont rien d'inférieur à celles des grands Maîtres de la Lombardie. Cette Ecole subsiste encore aujourd'hui dans un Peintre établi à Fano, & dont les talens sans emploi dans son pays, ont heureusement été mis en valeur par le Margrave de Brandebourg-Bareith, qui, sans le déplacer, se l'est attaché par une pension. Ce Peintre travaillera pour l'Allemagne; l'Italie est trop pleine de tableaux des anciens Maîtres, pour que l'on y pense à encourager les talens actuels.

Nous ne vîmes à Imola, Faenza, Forli & Céfene*, que le dôme de Forli, sa coupole peinte par le Cignani, & le Vice-Président de cette Ville, à qui nous allâmes demander

───────────────

* Nous vîmes plus à l'aise Rimini, Pézaro & Fano, où nous repassâmes, & en allant de Sinigaglia à Venise, & en retournant de Venise à Rome.

LA ROMA-
GNE.

justice du Postillon qui nous avoit amenés de Faenza. Son Excellence, en veste & en bonnet de toile grise, travailloit alors dans son cabinet à l'emplette d'un morceau de toile noire & luisante, pour une veste d'Eté. Notre arrivée ne dérangea point ce travail, qui dura très-long-temps. Enfin, après nous avoir entendus, Son Excellence trancha la difficulté par un *Mezzo-termine*, qui fit tourner au profit de ses gens la *bonne-manche* du Postillon.

RIMINI.

Après avoir passé le Rubicon, que le Pizatello & une autre petite rivière se disputent l'honneur de représenter, nous arrivâmes à Rimini, par un pont entièrement bâti de blocs du plus beau marbre blanc. L'inscription qui subsiste encore en entier, fait honneur de sa construction à Auguste & à Tibère. Ce pont également remarquable & par la solidité de sa bâtisse, & par sa belle conservation, est le monument le plus entier du siècle d'Auguste. Le temps, en détruisant & en dégradant les monumens de pure ostentation, érigés en l'honneur de la *Maison divine*, semble avoir respecté celui-ci, en considération de sa destination & de son utilité. Il a cinq arches, dont les trois du milieu ont trente pieds d'ouverture, & les deux autres seulement vingt. Toutes sont en plein ceintre, & le ceintre de chacune est orné dans sa courbure d'une espèce de cadre en saillie de trois pieds de

RIMINI. proportion dans les grandes arches. Chacune des piles a, au-deſſus de l'éperon, une niche auſſi ſagement, auſſi agréablement compoſée que le cadre des ceintres, & ſur le tout regne une corniche en ſimple filet qui porte les parapets du pont. Son enſemble & toutes ſes parties ſont dans des proportions que Palladio a propoſées pour modele. Chaque clef eſt chargée d'un ſymbole du Pontificat ou de l'Augurat. Le *Lituus*, que l'on y voit en grand, eſt abſolument la même choſe que la croſſe que portent aujourd'hui les Evêques Catholiques.

Rimini eut auſſi un port revêtu par Auguſte, avec la même magnificence. Ce port devenu inutile par la retraite de la mer, fut démoli vers le milieu du quinziéme ſiécle ; & Pandolfe Malateſte en employa les démolitions à la conſtruction de l'Egliſe de Saint François, dans laquelle l'Architecture a déployé tout ce dont elle étoit capable avant la renaiſſance des beaux Arts.

La Cathédrale de Rimini, élevée ſur les fondemens d'un Temple de

Castor & Pollux, est dédiée à Sainte Colombe, née & morte à Sens en France. On ne put me dire quelle raison avoit déterminé les anciens habitans de Rimini à choisir cette Sainte pour Patrone : je laisse à d'autres le soin d'examiner si l'on doit regarder ce choix comme une suite de la fraternité qui se seroit perpétuée entre les Sénonois de France & de la Romagne, jusqu'aux premiers siécles de l'Ere Chrétienne.

En sortant de Rimini, on passe sous un arc de triomphe élevé en l'honneur d'Auguste, après le rétablissement des grandes routes d'Italie, qui toutes venoient aboutir à Rimini, où, si je ne me trompe, commençoit la *voie triomphale*. Cet arc très-surbaissé & dégradé par le temps, ne ressemble au pont, qu'en ce qu'il est aussi de marbre blanc *.

_____

* On le reconnoît à ces proportions, dans la Médaille frappée en l'honneur d'Auguste, sur le rétablissement de la *Via Flaminia*, avec cette inscription : QUOD VIÆ MUN. SUNT.

LA CATOLICA.

Sur la route de Rimini à Pézaro, on rencontre la Catolica, Village dont la petite Eglise encore subsistante, est célèbre par l'asyle qu'elle donna aux Evêques qui s'étant séparés du fameux Concile de Rimini, vinrent s'y assembler, pour protester contre les décisions de ce Concile.

Si l'on peut juger des habitans de la campagne de la Romagne, par les gens qui nous reçurent dans une chaumière de ce Village, & par leurs voisins qui y accoururent pour nous voir, on peut en conclure que le peuple de la campagne ressemble moins là que par-tout ailleurs au peuple des Villes. Nous trouvâmes dans ces bonnes gens, presque tous pêcheurs, une candeur, une simplicité, des mœurs qui nous étonnèrent d'autant plus, que le désintéressement même en fait partie. Ils nous assurèrent que toutes les montagnes voisines étoient peuplées d'aussi bonnes gens qu'eux; qu'ils aimeroient mieux tous mourir, que de ressembler au peuple des Villes de la grande route, qu'ils appelloient *Canaglia maledetta*; enfin que, s'il y a dans le monde de véritablement honnêtes gens, c'est dans les Etats de la petite République de San-Marino qu'il faut aller les chercher.

De la colline dont la *Catolica* occupe la croupe, on nous montra le lieu qu'occupoit autrefois une Ville que la mer couvre aujourd'hui, ayant repris là ce qu'elle a perdu en s'éloignant de Rimini.

SAN-MARINO.

En allant de la Catolica à Pézaro, on cotoye les Etats de cette République, sur le gouvernement de laquelle nous nous en rapportâmes à la description qu'en a donnée M. Adisson *, après avoir été l'examiner par lui-même. Peu s'en est fallu que ce petit Etat n'ait perdu sa liberté, par l'entreprise que forma contre lui le Cardinal Albéroni, vers l'année 1750, pendant sa légation dans la Romagne. La manière dont cette entreprise fut conduite & exécutée, feroit honneur à la bravoure de ce Cardinal, si elle eût été formée contre gens à qui le respect pour la pourpre Romaine eût permis de se mettre en défense. L'habit

---

* Ou plutôt à l'original de cette description imprimée à Padoue en 1733, in-4°. sous ce titre : *Dell' origine e governo della R. P. di S. Marino, breve Relazion di Mattheo Valli, Secretario e Citadin di esse R. P.* avec une Préface latine de G. Naudé, adressée à la Mothe le Vayer.

rouge du Cardinal, & un *Te Deum* au milieu duquel la peur le prit, firent tous les frais de cette camisade, que Benoît XIV. désavoua, en retenant néanmoins & en faisant placer dans l'*Archivio* du Vatican, les titres originaux de la liberté de cette République, que le Cardinal avoit escamotés.

J'ai connu à Rome un petit *Curial* né à Saint Marin : il avoit sacrifié sa petite fortune pour le recouvrement des plus essentiels de ces titres qu'il avoit fait repasser dans les Archives de sa patrie. Je voyois aussi à Rome, chez les Minimes de la Trinité du Mont, un autre homme de Saint Marin, qui ressembloit exactement au Panurge de Rabelais. Très-sçavant en Latin & en Grec, possédant même le Grec vulgaire, Géometre, Chymiste, grand Botaniste, il avoit vu toute l'Asie, & poussé ses courses jusqu'au Thibet, allant à pied, sans équipage & sans argent. Il vivoit à Rome, comme en route, ne connoissant de bonheur que dans la liberté & dans la gaieté incompatible avec la dépendance. La première

S. MARINO.

fois que je le vis, il étoit dans l'Apothicairerie de la Trinité du Mont, déclamant d'un ton de Prédicateur, vis-à-vis le Frère Apothicaire, des histoires de miracles & de conversions, dont le merveilleux toujours croissant tira enfin des larmes & des sanglots du bon Frère. Cet homme singulier ne connoissoit rien de comparable à l'ancienne Rome, que sa République de Saint Marin ; c'étoit l'unique chose dont il parlât sérieusement. Il étoit dans son plan d'aller, après quelques courses, finir ses jours dans son Itaque, & de lui consacrer ses talens, ses connoissances & ses découvertes.

PÉZARO.

CETTE Ville étoit la partie la plus agréable du Duché d'Urbin. Jules II. avoit démembré ce petit Etat de ses conquêtes dans la Romagne, & l'avoit inféodé à sa famille. Ce Duché long de dix lieues & large de cinq, avoit la mer Adriatique pour base dans sa largeur. Par l'extinction de la famille de Jules II. nommée *la Rovère*, il revint en 1630 au Saint Siége. Dans le beau siécle que les Italiens appellent le *Cinque-cento*, la Cour d'Urbin fut un des principaux ornemens de l'Italie. Un Bel-Esprit, un Artiste, un Cavalier, étoit sûr de plaire partout, lorsqu'il avoit eu le bonheur de plaire à une Cour, dont l'attache étoit le sceau des réputations en tout genre. Nous avons dans le *Cortigiano* * du Comte Baldazzar

---

* Cet Ouvrage trop peu connu en France, où Louis XII. & François I. encouragèrent l'Auteur à le continuer, offre les prin-

PÉZARO. Castiglione, le Code de la galanterie qui y régnoit. Un goût épuré pour les Sciences & pour les Arts, une connoissance réfléchie du monde, des hommes & des femmes, l'enjouement, la finesse, la bonne plaisanterie, tous les agrémens que l'esprit peut mettre dans la Société, formoient le ton de cette Cour brillante, qui passoit l'hyver à Pézaro, dans des Palais à la Ville & à la

---

cipes les plus purs de l'exacte morale & de la saine politique : principes embellis de tous les agrémens que réunissoit la Cour d'Urbin. Les Anglois en ont une Traduction latine & deux ou trois Traductions en leur langue. J'ai appris, par l'indication des titres de ces Traductions, que notre mot si noble & si sonore de *Courtisan* est remplacé en Anglois par le terme plat & bas de *Courtier*. Voyez la dernière Edition de Moréri, article *Castiglione*. Dans un Dialogue intitulé : *Il Malpiglio o vero della Corte*, le fameux Tasse s'exprime ainsi sur le mérite de l'Ouvrage du Castiglione : *la bellezza di quel scritto meritò esser da tutte l'età letto e da tutte lodato : mentre dureranno le Corti, mentre i Principi, le Donne e i Cavaglieri insieme si racoglieranno, mentre valore e cortesia havrano albergo ne gli animi nostri, sarà in preggio il nome del Castiglione.*

campagne:

campagne : Palais dont il n'existe presque plus que de tristes débris *.

Cette Ville me parut presque aussi grande, mieux bâtie & plus peuplée que Rimini. Elle étoit fameuse, dans l'antiquité, par la malignité de l'air qu'on y respiroit en Eté. Catulle l'ap-

---

* Voici de quelle manière le Cavalier Marini a peint la Cour d'Urbin, dans le portrait du Comte François-Marie de la Rovère qui portoit un chêne dans ses armoiries :

La real QUERCIA *che superba spande*
  L'ombre sue sacre in riva al bel Metauro,
  Il cui ceppo al soffiar d'Ostro e di Cauro
  Vie più divenne ognor stabile e grande.

Per me, qual già soleá, le rustiche vivande
  Fior produce d'argento e frutti d'oro,
  Per me di rami injuriosi al Lauro
  Venner le Muse ad intricciar ghirlande.

Io fei d'illustri augei le clare fronde
  Nido soave, e d'aureo mel fù? io
  De la scorza stillar vene feconde.

Quindi rigata dal Castalio rio,
  Fin presso al ciel da le felici sponde
  Portò scritto sul tronco il nome mio.

Tome I.   M

PÉZARO. pelloit *moribundam sedem.* Ses habitans disent que cette malignité a cessé, par le dessèchement des marais qui l'environnoient. Ses figues soutiennent leur ancienne réputation : elles sont toujours les meilleurs de cette partie de l'Italie.

On voit dans les Eglises de Pézaro, quelques tableaux de Paul Véronèse & du Guide, & plusieurs du Barocci, contemporain du premier, antérieur au second, & qui ne le céde ni à l'un ni à l'autre, par le coloris & par les graces. Le Guide n'en a aucune que l'on ne retrouve dans l'*Annonciation* du Barocci, que l'on voit à la Cathédrale de Pézaro, & dans sa *Circoncision*, qui orne une autre Eglise de la même Ville. La vocation de Saint Pierre & de Saint André, qui décore une petite Eglise très-jolie, joint la force de l'expression & le brillant de l'exécution à tous les agrémens dont ce sujet étoit susceptible : agrémens embellis par un coloris dont le temps semble entretenir & renouveller la fraîcheur. On nous dit que ce Peintre avoit pour modèles d'Anges & de Vierges, un frere & une sœur qui étoient des beautés vraiment célestes, si l'art n'a rien ajouté à la nature.

Je passai dans cette Ville une soirée au Caffé. Il étoit rempli de vieux Seigneurs du pays, qui s'entretenoient de nouvelles lointaines: l'alliance récemment conclue entre la France & l'Autriche, occupa long-temps leur politique. Un très-vieux Commandeur, à côté de qui je me trouvois, & qui écoutoit tout en patience, m'adressa la parole, pour me demander si j'avois vu la France; & sur ma réponse affirmative, il me demanda si Québec n'étoit pas voisin de Bordeaux, ainsi qu'il le pensoit? Sans vouloir pénétrer si sa question étoit maligne ou de bonne foi, je lui répondis, que ma route ne m'avoit pas conduit à Québec; mais que, s'il le croyoit en France, il falloit bien qu'il y fût.

Les Antiquités de Pézaro ont été illustrées depuis quelques années, par un de ses Citoyens, dans un Livre intitulé, *Marmora Pisaurensia*. Cet Ouvrage forme un volume *in-folio*, très-bien imprimé à Pézaro même.

PÉZARO.

En allant par Pézaro & Fano, de Rimini à Sinigaglia, on court très-agréablement sur la plage, une roue dans la mer, & l'autre sur le sable, que le flot consolide en l'humectant. Cette plage est couronnée de falaises escarpées, que bat la mer, lorsqu'elle est iritée ; elle l'étoit à notre départ de Pézaro, & nous ne pûmes suivre la plage. Le pays très-inégal, très-fertile & très-cultivé que nous parcourûmes, en rentrant dans la voie *Flaminia* & en la suivant, offre une continuité de jolis paysages variés à chaque pas.

FANO.

CETTE Ville faisoit aussi partie du Duché d'Urbin. Son nom actuel est un reste de celui de *Fanum Fortunæ*, que lui avoient imposé les Romains. Plus peuplée que Pézaro, elle lui ressemble à tous égards : elle a de plus que Pézaro, un des beaux théâtres d'Italie pour l'Opéra. Ses Eglises sont pleines de tableaux des plus grands Maîtres de l'Ecole de Bologne. Le mariage de Saint Joseph, que l'on voit dans la première Chapelle à main droite, en entrant dans la Cathédrale, est, de tous ceux que j'ai vus du Guerchin, celui qui m'a le plus frappé. La composition en est simple * : mais quelle noblesse, quelle grandeur dans cette simplicité ! Le Grand-Prêtre, la Vierge, Saint Joseph forment le sujet principal. C'est sans doute pour le faire sortir davantage, que, dans un demi-lointain, le Peintre a jetté quelques

---

* *Nihil habere ex ingenio videtur.*

personnes du peuple, dont l'œil critique prête à cette cérémonie une attention maligne. On voit dans la même Eglise, une Chapelle ornée de petits tableaux du Dominiquin, répréfentant les Myſtères que la dévotion du Roſaire honore ſpécialement. Ces tableaux, ainſi qu'un du Guide que l'on voit à cette Cathédrale, m'ont beaucoup moins affecté que celui du Guerchin.

L'Egliſe des Philippins, ou Peres de l'Oratoire, bâtie vers le milieu du dernier ſiécle, par un homme opulent qui avoit pris l'habit de l'Oratoire, offre une riche Collection de tableaux raſſemblés par le fondateur. On en diſtribue la liſte imprimée. Il y en a pluſieurs du Guide. Une partie eſt devenue preſqu'entièrement méconnoiſſable, par le travail d'un Barbouilleur chargé de les nettoyer, & qui, après les avoir écorchés, a mis la dernière main à leur ruine, en oſant les retoucher. Celui du maître-autel, plus à l'abri de l'humidité que les autres, n'avoit pas heureuſement beſoin de réparation, & il eſt échappé au maſſacre général. C'est une grande composition, du même travail & du même prix que les plus grands morceaux de ce Maître que l'on voit à Bologne. Il y en a encore un bien conservé dans la fausse croisée à gauche.

Je dûs la vûe de toutes les beautés & curiosités de Fano, à la politesse d'un bon Prêtre que je rencontrai à la Cathédrale. Il me conduisit par-tout; il m'indiqua tout de la manière la plus obligeante; il poussa même l'attention jusqu'à vouloir me régaler au Caffé. Je reconnus, à sa conversation soutenue de ce procédé obligeant, qu'il étoit *Geniale Francese*. Car, dans toutes les Villes, & jusques dans les Villages d'Italie, les Puissances de l'Europe ont de très-chauds partisans, qui le sont pour la plûpart de pere en fils, & qui haïssent de la meilleure foi du monde les gens du parti contraire. Les hauts faits d'armes des François, dans le dernier siécle, ont conservé leur ancien pouvoir sur l'esprit de ces peuples: Louis XIV. les avoit presque tous entraînés par la grandeur de ses projets, & par la rapidité de ses conquêtes.

Les querelles de ces différens partis, remplacent en Italie les querelles de Religion qui partagent les esprits en France, en Angleterre & en Allemagne. Un Italien partisan de la France, déteste aussi sincèrement les Anglois & leurs partisans, qu'un bon Moliniste François déteste Port-Royal & les Jansénistes, & *vice versâ*. Ces partis ont été furieusement dérangés par l'alliance imprévue de l'Autriche & de la France: cette alliance n'a point encore réuni les *Geniali* de ces deux Puissances, dont la plûpart conservent leurs anciennes affections, sous bénéfice d'inventaire. Dans la guerre actuelle, l'enthousiasme a formé au Roi de Prusse un parti considérable. En un mot, les guerres des Princes de l'Europe, sont pour les Italiens, ce qu'étoient les combats de gladiateurs chez les Romains. Ils amusent l'oisiveté du peuple; & les Souverains, en le partialisant, s'en servent, pour détourner son attention d'objets qui l'intéressent plus essentiellement, suivant la maxime: *divide & impera* *.

Fano a aussi un arc de triomphe, érigé en marbre blanc à l'honneur d'Auguste. Cet arc, qui avoit trente coudées d'élévation, fut à demi ruiné par l'artillerie de Paul II. lors du siége que Fano soutint contre ce Pontife, en 1463. On y montre aussi quelques restes fort équivoques du Temple de la Fortune, qui a donné le nom à cette Ville.

A une lieue de Fano, la voie Flaminia traverse le *Metaurus*, aujourd'hui *Metrò*, dans le lieu même où Asdrubal fut défait par les Romains **. Ce fleuve avoit à peine de l'eau, lorsque nous le passâmes à son embouchure dans la mer.

---

* *Vid. infr.* l'article de RAVENNE.

** *Testis Metaurum flumen & Asdrubal Devictus.*

Le Poëte Silius Italicus lui a consacré ce vers empoullé:

Rapidasque sonanti
Vortice contorquens undas & saxa Metaurus.

FANO.

Jettons un coup d'œil sur l'état actuel du commerce dans la partie de la Romagne que nous venons de parcourir. Des quatre premières Villes que l'on rencontre entre Bologne & le Rubicon, Forli est la seule dont les habitans ayent quelque goût pour le travail. Des toiles cirées & des parapluies sont l'objet de leur industrie : ils en fournissent presque toute l'Italie, & nous vîmes à la foire de Sinigaglia, un Marchand qui, pour sa part, y vend au moins à chaque foire trois mille parapluies. Faenza contente de l'honneur d'avoir donné son nom à la fayance, n'en fabrique plus que de très-mauvaise & en petite quantité. Rimini & Pézaro ont à peine des manufactures pour la consommation de leur peuple : elles ont sacrifié aux Anglois les ressources qui leur restoient, pour favoriser & occuper chez elles l'industrie *. Les soies qui se récoltent encore dans le Duché d'Urbin & dans la partie supérieure de

---

* Voyez les Observations sur le commerce de Milan.

la Romagne, sont ramassées par les Marchands de ces deux Villes, qui, pour cet objet, ont pris avec les Anglois un arrangement, dans lequel on reconnoît peu la finesse Italienne. Ils remettent ces soies aux Anglois, & l'année suivante les Anglois leur apportent en échange des étoffes de leurs manufactures, telles que moëres & petites étoffes en coton & soie, moyennant un bénéfice pour la main-d'œuvre; le tout, suivant la conscience des Anglois, qui, par ce moyen, tirent & l'argent & les soies de la Romagne. Peut-être les Marchands Romagnoles trouvent-ils un bénéfice actuel à cet arrangement; mais ce bénéfice n'a de fondement, que le très-vil prix des soies qui entrent dans leurs magasins. Le Cultivateur découragé par-là, remplace ses mûriers par des arbres plus utiles, *feliciores conserit arbores*; les récoltes de soie diminuent tous les ans, & venant enfin à cesser, elles enleveront à la Romagne une ressource qu'elle regretteroit inutilement, si, par quelque révolution inattendue, l'industrie venoit à s'y ranimer. Les Marchands de Lyon, qui appellent ces soies, *soies d'outremer*, & qui en connoissent toute la bonté, pourroient enlever ce commerce aux Anglois, ou au moins le partager avec eux: mais les Romagnoles se disent fondés en raison, pour ne traiter avec eux que l'argent à la main.

Fano a résisté aux offres des Anglois, & elle emploie elle-même une grande partie de ses soies, en une petite étoffe appellée *Férandine*. Cette étoffe communément bien fabriquée, donne des doublures fort honnêtes & de bon usé. Je ne la crois pas inconnue en France.

Les foires sont l'objet capital du commerce actif de toutes ces Villes: leur commerce de consommation est, pour la meilleure partie, entre les mains des Juifs, qui le font bien valoir. L'Angleterre fournit à ce commerce ses draperies; les Suisses y font, par leurs toiles, une partie des fonds pour l'achat des cotons qu'ils tirent de Venise. Les manufactures de France absolument inconnues, n'entrent pour rien dans ce commerce.

SINIGAGLIA.

SINIGAGLIA a retenu le nom des Sénonois établis dans cette partie de l'ancienne Umbrie *. Cette Ville appartenoit autrefois aux Ducs d'Urbin, qui l'avoient mise à l'abri des insultes des Turcs & des Pirates, par quelques fortifications qui subsistent encore. On travailloit, en l'année 1758, à l'aggrandissement de son enceinte, par la démolition de celles qui la fermoient à l'Ouest, & par la construction de nouveaux remparts fortifiés comme les anciens, qui étoient très-solidement construits, à en juger par le travail que donnoit alors leur démolition.

Le concours qu'attire la foire de Sinigaglia, les Etrangers que cette foire pouvoit y fixer, & le besoin de magasins, demandoient depuis longtemps l'aggrandissement de cette

---

* *Senonum, de nomine Senon,* dit Silius Italicus.

SINIGA-GLIA.

Ville * ; des raisons politiques s'y opposoient sans doute. Les démêlés de Benoît XIV. avec Venise, ayant diminué le poids de ces raisons, la Chambre Apostolique avoit choisi cet instant pour commencer les travaux. Ils se poussoient avec vivacité sous les ordres de Monsignor Merlini, Président d'Urbin, déja célèbre par une expédition contre des Contrebandiers : expédition qui avoit déterminé Benoît XIV. à supprimer dans ses Etats la Ferme du Tabac, & à remettre dans le commerce ordinaire, cet objet de consommation.

Cependant l'air de cette Ville est aussi peu sain, que celui de toute cette côte de la mer Adriatique**. Sinigaglia n'a rien de remarquable en édifices publics & particuliers.

---

* Voyez ci-après l'article de VENISE aux Observations sur le commerce de l'Italie en général.

** Boccace parlant d'une fille, dit: *che non mai era senza mal d'occhi, con un color verde e giallo* ; puis il ajoute, *che pareva che non à Fiesole, ma à Sinigaglia havesse fatta la stase*. Nov. 4. Giorn. 8.

Nous y vîmes quelques tableaux du Barocci, & dans une petite Eglife de la grande rue, un tableau tout neuf, qui nous frappa extrêmement, par l'exacte reffemblance de Saint Charles, qu'on y a voulu peindre, avec un Prélat François que nous avions oüi prêcher à Paris devant l'Affemblée du Clergé.

SINIGA-GLIA.

Nous étions arrivés à Sinigaglia pour l'ouverture de la foire, qui dure les huit derniers jours de Juillet. La plage que nous avions fuivie depuis Fano, étoit bordée de coulevrines, de canons, de canardières, de vieilles arquebufes, le tout braqué fur la mer, & de corps-de-garde baraqués de diftance en diftance. Quelques bâtimens du Pape tenoient la mer; en un mot, tout annonçoit, de la part de la Chambre Apoftolique, la plus grande attention pour la fûreté de la foire.

M. Merlini s'y trouvoit en perfonne, & il y tenoit maifon pour la Nobleffe des environs. Toute cette Nobleffe, hommes, femmes & enfans, pour qui cette foire eft une partie de plaifir, jette une agréable

SINIGA-GLIA.

variété & une espèce de repos dans le mouvement perpétuel d'une foule de gens de toutes Nations, occupés à se chercher, ou empressés à faire transporter du port ou de la rade à la Ville, de la Ville au port ou à la rade, à déballer, emballer, embarquer, débarquer des marchandises de toute espèce. Aucune bête de charge ni de trait n'est employée à ces opérations : tout s'exécute par des *Fachini* ou Crocheteurs, qui, avec autant de force que d'adresse, suffisent aux charges les plus énormes par le poids ou par le volume. Ce spectacle est précisément celui d'un incendie, où une grande Ville accourue se partage pour éteindre le feu, ou pour démeubler les maisons. Les rues sont entièrement couvertes de tentes suspendues, que l'on humecte de temps en temps, & leur sol est garni de planches pour la commodité des transports. Les Palais, les maisons, toute la Ville est magasin : le port, les quais, les rues forment une boutique continue, au milieu de laquelle roulent mille petites boutiques ambulantes. On ima-

gine aisément quels flots de sueur *SINIGA-*
l'ardeur de la Canicule fait couler *GLIA.*
dans un tel mouvement, au milieu
d'une telle presse & sous un tel climat. Les fossés, le glacis, & les dehors de la Ville sont couverts de
tentes, de baraques, de cuisines &
de chevaux au piquet : la moindre
chaumière rassemble plusieurs mé-
nages. Le beau monde se réfugie
dans des Caffés remplis d'Abbés faisant la cour aux Dames qui sont arrangées de leur mieux à la mode
Françoise.

 Les Isles & tous les bords de l'A-
driatique, la Sicile & une partie de
l'Archipel, forment le fond de cette
foire. Les Albanois & les Grecs de
l'Archipel y apportent des camiso-
les, des chemises & des capottes,
quantité de babouches, de la cire,
du miel, &c. Un bâtiment Albanois
avoit apporté un chargement de
goudron, distribué dans des outres
ou peaux de bouc : la plus grande
partie de ces outres, ou mal condi-
tionnés, ou pourris, crevoit dans
le transport du port à la rade, &
toute cette partie de la foire étoit

SINIGA-GLIA.

couverte de goudron & de gens occupés à le recueillir.

Les Grecs parlent Italien, ou se servent de la langue Franque : dur alliage de Grec, d'Italien & de Provençal, c'est-à-dire, des trois langues actuelles les plus douces *. Ils ont l'air & la physionomie des meilleures gens du monde. Chacun d'eux étendu sur le pavé, à demi endormi, faisant de son corps un rempart à sa petite boutique, vendoit, sans changer de situation. L'air national se démêloit au premier coup d'œil dans chacun des autres Marchands. Le Lombard, le Suisse, le Lyonnois appelloit les passans, les invitoit à acheter, déployoit avec empressement toute sa boutique, surfaisoit sans pudeur, & recevoit gaiement quelque mise que ce fût. Le Hollandois uniquement occupé de l'arrangement de sa boutique, en paroit & nettoyoit chaque piéce. Le Romagnole & le Sicilien debout, le ventre appuyé à leur comptoir, le chapeau enfoncé sur les yeux, les

---

* Il y entre aussi quelques mots Turcs.

mains croisées & paffées dans les manches, faifoient intérieurement leurs comptes. L'Anglois fier & dédaigneux, préfentoit les marchandifes qu'on lui demandoit, y mettoit le prix, &, fi l'on faifoit mine de marchander, les remettoit à leur place, & reprenoit fa promenade dans fa boutique. Je vis là deux François, dont l'un étoit Abbé, occupés comme nous du fpectacle de la foire. Ce dernier ayant acheté d'une jolie Grecque un ruban de tête, lui propofa d'y affortir deux petits rubans, & de lui rendre le fervice de les coudre elle-même aux deux extrémités du grand. A cette propofition, fortit de deffus l'épaule de la Grecque, un vilain bras nud jufqu'au coude, qui porta fous le nez de l'Abbé un poing, dont l'index perpendiculairement levé & brandiffant, étoit accompagné d'un *Signor nò*, répété d'un ton énergique & menaçant, par le mari de la Marchande, auquel ce vilain bras appartenoit.

Le troifiéme jour de la foire, le Capitan Vénitien du Golfe parut à la hauteur de Sinigaglia, dans sa Capitane, escortée de quelques vaisseaux & galères. Il fait tous les ans cette apparition, sous prétexte de protéger la foire ; mais en effet pour recevoir un honoraire réglé que lui paye la Chambre Apostolique, & que Venise regarde comme une reconnoissance de la part du Pape, de sa souveraineté sur le Golfe. Tout le monde sçait que, dans une discussion assez vive sur ce droit, un Pape ayant demandé à l'Ambassadeur de Venise ou étoient les titres de la République pour la souveraineté du Golfe : *vous les trouverez, Saint Pere, au dos de la donation de Constantin*, lui répondit l'Ambassadeur.

Autrefois le Capitan du Golfe prenoit terre à Sinigaglia, avec une suite nombreuse, & y passoit deux ou trois jours, pendant lesquels le Gouverneur le traitoit en Souverain. Par un nouvel arrangement, le Président d'Urbin passe au bord du Capitan, & y termine avec lui. Tout le monde gagne à cet arrangement : les Vénitiens font au plus léger un armement, qui ne se montre que de loin; & le Préſident eſt déchargé de l'embarras & de la dépenſe qu'entraînoit le ſéjour du Capitan & de ſa ſuite à Sinigaglia. Si quelqu'un y perd, ce ſont les Curieux, pour leſquels cet arrangement a diminué la variété du ſpectacle.

Nous apprîmes là en Foire un bon mot de Benoît XIV. Pour le ſaiſir, il faut ſçavoir qu'en Italie les enfans prennent encore aujourd'hui les premières leçons de politeſſe, dans un Livre du fameux Monſignor de la Caſa, intitulé *il Galateo*; & pour reprocher à un homme quelque impoliteſſe, on lui dit qu'il a oublié ſon *Galateo*. Or Benoît XIV. avoit envoyé, par un Prélat né à Sinigaglia, des langes bénis, pour un Prince nouveau né dans une des premières Cours de l'Europe. Ce Prélat, ſoit par ignorance de l'étiquette, ſoit par une affectation peut-être ſuggérée, avoit rempli ſa miſſion, ſans voir le Grand Aumônier de cette Cour, qui étoit préciſément la première perſonne qu'il y devoit voir. Le Grand Aumônier en

SINIGA-GLIA.

fit ses plaintes au Roi, sur lesquelles ce Monarque en écrivit fortement à son Ambassadeur à Rome, & l'Ambassadeur demanda une audience au Pape où il jetta feu & flammes contre le Prélat Sinigallien. Benoît XIV. après avoir épuisé toutes les raisons qui pouvoient excuser ou pallier la sottise de son Envoyé, toujours pressé par l'Ambassadeur, lui dit: *mais, M. l'Ambassadeur, dites-moi un peu, le Concile de Trente est-il reçu en France?* L'Ambassadeur qui pensoit que cette question n'étoit faite que pour le dérouter sur l'objet de son audience, tâcha de l'écarter; mais le Pape y revenant toujours, il lui dit enfin que le Concile de Trente, ainsi qu'il le sçavoit mieux que lui-même, n'étoit point reçu en France, quant à la discipline. *Ni aussi, M. l'Ambassadeur,* répliqua le Pape, *le Galateo à Sinigaglia: ne anche à Sinigaglia il Galateo.* Cette plaisanterie trancha la difficulté: le Grand Aumônier auquel elle revint, oublia la sottise du Prélat Italien, pour ne se souvenir que du mot qu'elle avoit occasionné.

REMARQUES

Sur les différens pays voisins de la Romagne.

Avant que de rentrer dans la Romagne, pour parcourir la rive occidentale de la mer Adriatique, & ces fertiles contrées partagées entre le Pape & la République de Venise, je vais présenter un tableau de ce beau pays dans le moyen âge, lequel a été crayonné par Muratori, d'après les Historiens & les monumens contemporains. L'état exact qu'il présente de la cultivation & de la population d'une partie de l'Italie dans ces siécles peu connus, est une source féconde de réflexions politiques, morales & même physiques, que j'abandonne au Lecteur. On pourra, d'après cet échantillon, juger du travail de Muratori sur les Antiquités d'Italie du moyen âge ; travail immense qui a produit trente-quatre volumes *in-fol.* & douze *in-4°.*

Il a été résumé par l'Auteur lui-même en soixante & quinze Dissertations, qui ne laissent sans lumière aucun des usages politiques, civils & religieux de ces temps obscurs. Ce que l'on va lire, est un Extrait ou Traduction très-libre de la vingt-uniéme de ces sçavantes Dissertations. On s'y est permis plusieurs Additions relatives aux objets traités par Muratori.

Des fléaux de différentes espèces avoient d'abord ouvert l'Italie aux Lombards, qui s'y établirent en l'an 668. Trois années auparavant, une peste cruelle, enlevant les hommes par milliers, avoit converti en déserts une partie des Villes & des campagnes*. A la peste, avoit succédé la famine. L'établissement des Lombards, comme le rapporte le

---

* Paul Diacre, dit : *Non erat tunc virtus Romanis (id est Italis), ut possent resistere, quia & pestilentia quæ sub Narsete facta est, plurimos in Venetiâ & Liguriâ extinxerat; & post annum ubertatis, fames nimia ingruens Italiam vastabat.* De Gest. Longob. Lib. II. cap. 27.

même

même Paul Diacre à l'endroit cité, mit le comble à ces désastres. Les Eglises dépouillées, leurs Ministres égorgés, les Villes renversées, les hommes que la peste & la famine avoient épargnés, passés au fil de l'épée : tels furent les affreux monumens de cette conquête, & de la guerre à outrance qui la décida. Cleph, second Roi de ces Barbares, ajouta encore à ces malheurs, en faisant périr, ou en chassant de ses Etats ceux des anciens habitans dont la puissance & les richesses lui faisoient ombrage.

La paix & le calme eussent pu cependant rétablir dans la suite les pertes de l'humanité ; mais, dès l'année 590, les Lombards attaqués en même temps, & par les Grecs de Constantinople qui reconquirent Modene, Mantoue, Altino, & par les François qui parvinrent par la suite à les déposséder, prodiguoient le sang Italien pour soutenir leurs avantages, & embrassoient, pour affoiblir leurs ennemis, tous les moyens que leur suggéroit une aveugle fureur. De l'ordre exprès du Roi

Agilulfe, Padoue fut livrée aux flammes, & renversée de fond en comble. Crémone, Briscello & d'autres Villes essuyèrent le même traitement, par la seule raison qu'elles obéissoient encore aux Empereurs, leurs anciens Maîtres. Il ne resta enfin à ces anciens Maîtres de l'Italie, que la Campagne du Duché de Rome, l'Exarcat de Ravenne, Naples & quelques Villes maritimes: encore se vengeoient-ils par de fréquentes incursions, de l'impuissance où ils se trouvoient d'ajouter ces pays à leurs conquêtes; car ils étendirent leur domaine jusqu'à la fameuse Rome elle-même, & cette Ville si long-temps maîtresse de l'Univers, ressentit leurs coups. Nous avons, sur la rétrogradation de sa fortune, une Epigramme du sixiéme siécle, où cette rétrogradation est exprimée par un vers qui la représente *. Ce vers

---

* *Roma, tibi subito motibus ibit amor.*

L'honneur de l'invention de cette espèce de vers est dû aux Grecs des derniers siécles, qui l'appelloient Βουστροφηδὸν, par allusion aux

technique ne forme aucun sens; mais il a le mérite bizarre d'offrir les mêmes mots, en le lisant à rebours.

Telle étoit, selon ce qu'en dit Paul Diacre, la face de l'Italie dans la révolution qui y fixa les Lombards. L'état où l'avoient laissée les guerres civiles de César & de Pompée, tant exagéré par Lucain, étoit alors son véritable état*. Ainsi s'accomplissoit la prédiction de Céréalis dans Tacite, qui, pour le mal-

ib. II.

Bœufs qui, en labourant, repassent dans le même sillon. On lit un vers de cette espèce sur le bénitier de la porte septentrionale de Notre-Dame de Paris. Sur le mot *Roma* qui retourné donne celui d'*Amor*, Jean Dorat a fait cette Épigramme insérée dans le Recueil de ses Poésies:

Roma quod inverso delectaretur amore,
 Nomen ab inverso nomine fecis Amor.

* *Horrida Dumetis, multosque inarata per*
 annos
Hesperia est, defuntque manus poscentibus
 arvis;
Rarus & antiquis habitator in urbibus errat,
 &c.

heur de l'humanité, se vérifie encore de nos jours : *L'Empire Romain détruit, je vois l'Univers en guerre perpétuelle contre lui-même* *.

L'air de l'Italie & le commerce, avec les restes du Peuple conquis, adoucirent enfin la férocité du Peuple conquérant. Le calme & la paix se rétablissoient au centre du nouveau Royaume d'Italie, & les plus grands maux de la guerre ne tomboient que sur les frontières. Les mœurs produisirent de bonnes loix; une exacte police gouvernoit les Villes ; enfin la sûreté publique s'établit au point que le Voyageur, débarrassé de toutes défiances & de toutes précautions, pouvoit porter sa bourse à la main. Les anciens & les nouveaux habitans de la Lombardie étoient d'abord séparés par la Religion, à cause de l'Arianisme que professoient les Lombards, & par l'inégalité dans l'imposition des tributs : la conversion des Lombards & l'assiette égale des impôts, ne

---

* *Pulsis Romanis, nihil aliud quàm bella omnium inter se gentium video.*

mettant plus de différence entre les Etrangers & les Naturels, ils ne formèrent plus qu'un Peuple & qu'un Etat.

La conquête de ce Royaume par les François, y affermit le calme & la tranquillité, y favorisa la population, & y apporta tous les biens qui suivent la paix. Cet heureux État se soutint tant que la race de Charlemagne régna sur la Lombardie. La mort de Charles le Gros, les prétentions armées de Guy & de Bérenger y ramenèrent le trouble, & en la déchirant, l'ouvrirent aux incursions des Hongrois, qui la dévastèrent impunément pendant plusieurs années. Ces maux durèrent jusqu'à Othon le Grand, le premier des Allemands qui ait joint la Couronne de Lombardie à la Couronne Impériale.

Pour évaluer les pertes de l'humanité sous toutes ces révolutions, examinons quel étoit alors en Italie l'état de la population.

Les campagnes avoient peu d'habitans : les montagnes & une partie des plaines étoient couvertes de forêts. Les Lombards appelloient tout bois *Wald*, mot que les Italiens exprimoient dans les actes, par ceux de *Gayum*, *Gazium*, *Gagium*, *Waldum*, *Gualdum*. L'Ughelli nous présente un acte de 774, par lequel Arrichis, Prince de Bénévent, donne à l'Abbaye de Sainte Sophie, l'Eglise ou Paroisse de Saint Pierre, située *in Gayo*.... L'Eglise de Saint Abundus, aussi située *in Gayo*..; & dans un autre bois ou *Gayum*, une étendue de deux milles de terrein sur un mille de largeur. Dans un diplôme de Charlemagne, conservé par le même Compilateur, ce Prince donne à l'Eglise de Reggio *Gayum nostrum quod in Luciariá conjacet, & nunc noviter excolitur.* Les Lombards avoient aussi apporté en Italie les mots de *Foresta* & de *Brolium*, ou *Broïlum*, qu'ils employoient dans la même signification, si *Brolium* ne signifioit pas déterminément ce que nous appellons aujourd'hui *Parc*. Dans un Capitulaire de l'an 800, Charlemagne dit: *Lucos nostros, quos Brogilos vulgus appellat.* Les François employoient autrefois dans la même signification les mots de *Gaye*, de *Breüil* & de *Broſſe*: ils n'ont retenu que celui de *Forêt*.

Nous avons le titre de la donation faite en 752, par le Roi Aſtolphe à Lopecin, Evêque de Modene, d'une piéce de cinq cens arpens de bois*, tenant de trois côtés aux bois du Domaine Royal, *Gayo noſtro*, & du quatriéme à la rivière *Scultenna*, aujourd'hui le Panaro. Ce bois du Domaine des Rois Lombards, avoit laiſſé ſon nom à une terre conſidérable, qui fit depuis partie du Domaine de la Ville de Modene. En effet, par Décret du peuple de Modene, de l'an 1255, il fut ordonné que pluſieurs terres, dont une porte le nom de *Gaʒium*, ſeroient eſtimées & améliorées. Le bois actuel de Nonantola faiſoit ſans doute partie de l'ancien *Gayum* Royal.

Que ces forêts fuſſent très-anciennes, nous le pouvons inférer d'un paſſage de Sidonius Apollinaris, qui, parlant du Lambro, de l'Adda, de l'Adigé, du Mincio, & d'autres

Ep. 5. L. 1.

_____

* *Sylva jugis numero quingentis.*

rivières de la Lombardie où il avoit voyagé, dit que les bords de ces rivières étoient couverts de forêts de chêne & d'érable *, forêts dont il n'existe pas aujourd'hui le moindre vestige.

Aux bois qui couvroient une partie de l'Italie, joignons les marécages inhabitables qui environnoient les lits de la plûpart des rivières, & les lagunes & bas-fonds où se perdoient le Pô & l'Adige. Ces lagunes, ces marécages offrent aujourd'hui de fertiles & riantes campagnes, qui doivent leur existence aux travaux entrepris & exécutés pour réduire & contenir dans leur lit ces fleuves & ces rivières. Si l'Antiquité nous eût laissé des Cartes exactes de tous ces lieux, en les conférant avec leur état actuel, il en résulteroit une évaluation exacte du produit de ces travaux.

Vitr. Lib. 1. cap. 14.
Strab. Lib. 5.

Nous verrons que, sous l'Empire Romain, l'*Emilia*, la *Flaminia* & tout le pays Vénitien n'étoient qu'un as-

---

* *Quernis, acernisque nemoribus passim vestiebantur.*

semblage de terreins noyés, incultes & inhabités. Telles étoient, au temps de Vitruve, de Strabon & d'Hérodien, ces fertiles contrées qui forment le territoire actuel d'Aquilée, d'Altino & de Ravenne. Strabon ajoute, que Bresse, Mantoue, Reggio & Côme étoient au milieu de marais ; & que toutes les Villes du pays Vénitien ou étoient entièrement environnées par la mer, comme Venise l'est maintenant ; ou que, baignées d'un côté par la mer, elles avoient de l'autre des lagunes, qui, dans le siécle d'Hérodien, étoient encore navigables d'Altino à Ravenne, & qu'ainsi tout le pays intermédiaire, dont Ferrare, qui n'existoit pas alors, & son fertile territoire, font aujourd'hui partie, n'étoit habité que par des Grenouilles.

Ces animaux avoient à Ravenne un droit de bourgeoisie, assuré & confirmé par le témoignage de Martial *, ainsi que par celui de Silius Italicus, qui, en deux vers, trace la

---

* *Melœusque Rana garriunt Ravennates.*

situation de la Ville de Ravenne*, par celui de Sidonius Apollinaris, qui, badinant avec Candidianus, son ami, nouvellement débarqué en cette Ville, lui dit: *Te municipalium Ranarum loquax turba circumsilit..... Vide qualis sit civitas quæ faciliùs territorium potest habere, quàm terram.* Des allusions périodiques ont insensiblement donné à cette même Ville ce qui lui manquoit alors. Une lieue d'un terrein très-gras & très-fertile, la sépare aujourd'hui de la mer qui la baignoit autrefois.

Dans le voisinage de Ravenne, Classe, ville importante du temps des Romains, qui y tenoient une flotte pour la garde de la mer Adriatique, est aujourd'hui éloignée de deux lieues de la mer: elle avoit son port à l'embouchure du Savio, que cet attérissement a dérouté.

Dans les mêmes temps, Bologne

---

* *Quæque gravi remo limosis segniter undis Lenta paludosæ proscindunt stagna Ravennæ.*

Lib. I. Ep. 8.

& Modene souffroient de très-grandes incommodités des eaux stagnantes qui couvroient une partie de leur territoire : le reste de ce territoire étoit couvert d'une quantité assez considérable de bois, ce qui rendoit doublement dangereuse la communication de ces deux Villes *.

Dans une Lettre écrite vers l'an 388, Saint Ambroise imitant le passage célèbre de celle de Sulpicius à Cicéron, représentoit à Faustinus toutes les Villes de la Lombardie comme des monceaux de ruines qui avertissoient les Voyageurs de la fragilité des grandeurs humaines **. A quoi l'on peut joindre, pour le siécle suivant, le témoignage de Sidonius Apollinaris, où badinant *Lib. I. Ep.* 8 avec un de ses amis de Céséne, il

---

* *Vid. Galbæ Epist. ad Cic. inter famil. Lib.* 10. *& Appianus, Bell. civil. Lib.* 3.

** *De Bononiensi veniens urbe, à tergo Claternam, ipsam Bononiam, Mutinam, Regium derelinquebas: in dextrâ erat Brixillum, à fronte occurebat Placentia, &c. Te igitur tot semirutarum urbium cadavera, terrarumque sub eodem conspectu exposita funera non admonent, &c.*

lui dit que Céfene eſt moins une Ville qu'un four *.

Tel étoit l'état de l'Italie, depuis la tranſlation de l'Empire à Conſtantinople. L'invaſion ſubſéquente des Lombards, & leurs guerres continuelles avec les Grecs, guerres dont tous les pays voiſins de l'Exarcat étoient le théâtre, ne dûrent pas améliorer l'état de ces pays déſolés. Modene, alors frontière des Lombards, fut enfin détruite & abandonnée ; & le reſte de ſes malheureux habitans paſſa à *Città Nuova*, que le Roi Luitprand venoit de bâtir à quelque diſtance. Ils étoient chaſſés par les rivières qui arroſent le territoire de Modene, & qui, abandonnées à elles-mêmes, depuis que les malheurs des temps avoient fait abandonner l'entretien des ouvrages qui les contenoient dans leurs lits, ravageoient impunément la campagne, ſe répandoient dans la Ville, & s'en rendirent enfin tellement maîtreſſes, que le ſol en fut élevé

---

* *Tu iſtæc nobis Cæſennatis furni potius quàm oppidi verba deblateras.*

de plusieurs brasses, par les sables, les gravois & les pierres détachées de l'Apennin qu'y déposoit chaque inondation.

Les plus anciennes Chartes de donations, de ventes de baux & d'emphithéoses des biens de ce territoire, ne nous y montrent que des bois, des marais, des étangs, *piscaria*, & des lacs *. A ces lumières, on peut ajouter celles qu'a rassemblées sur le même objet le Comte Sylvestri *de' Nobili* de Rovigo, dans la description *delle paludi Adriache*, qu'il a donnée au Public.

Tous ces bas-fonds & marécages se remplissant ainsi peu à peu, & par le limon que déposoit la mer dans ceux où elle communiquoit, & par les corps étrangers qu'y rouloient les rivières, on voyoit des Isles sortir du milieu des lagunes & des marais, où les habitans étoient attirés par la fécondité du sol, par la commodité de la pêche, & par la sûreté qu'elles offroient contre les incur-

---

* Muratori cite une douzaine de ces Chartes, dont il rapporte les termes.

sions des brigands qui infestoient la mer & la terre. Les premières habitations formées dans ces différentes Isles, étoient de pauvres chaumières couvertes de paille.

Ainsi furent long-temps couvertes les maisons que la magnificence des siécles postérieurs a remplacées par des palais. Dans ces siécles de calamité, on couvroit rarement les maisons de tuiles, appellées *Coppi* dans les vieux titres. *Coppata domus* signifioit simplement une maison couverte de tuiles, & non, comme l'a pensé du Cange, une maison dont le toît étoit terminé en forme de coupole.

Parmi les monumens de la Basilique Ambrosienne, recueillis par le Puricelli, on en trouve un de l'an 1201, relatif à une loge, *lobia*, ou portique public régnant sur la place même de cette Basilique, & qui n'étoit couvert que de paille. De-là ces fréquens incendies, qui, dans les onziéme & douziéme siécles, détruisoient en peu d'heures les plus grandes Villes. Milan, Plaisance, Bologne & Modene, essuyèrent successivement cette calamité. Dans une Chronique de Padoue, insérée parmi les *Scriptores rerum Italicarum*, on lit qu'en 1174 un incendie consuma dans cette Ville deux mille six cens quatorze maisons, lesquelles *n'étoient alors bâties que de bois, & couvertes de paille*. Dans les siécles plus reculés, on trouve des maisons entièrement bâties de paille. Guy, Evêque de Modene, donna à cens, en 963, une maison ainsi bâtie, *casa palliaricia*.

L'an 1105, Milan, depuis si superbe en édifices, fut presqu'entièrement réduit en cendres. Sur ce terrible incendie, Galvano Fiamma observe : » Que les maisons de Mi- » lan n'étoient alors ni soutenues, » ni séparées par des murs, mais » simplement par des claies & des » paillassons * ; d'où il arrivoit que » le plus léger incendie se commu- » niquoit en un instant à toute la » Ville ; ce qui occasionna un Ré- » glement, par lequel il étoit défen- » du d'allumer du feu dans aucune

Manip. Flori cap. 156.

---

* *Ex cratibus & paleis.*

» maison, lorsqu'il y avoit du vent; » *flante vento* « Peut-être encore faut-il réduire cette description de la totalité de Milan, qu'elle embrasse, à la plus grande partie de cette Ville.

A mesure que l'Italie croissoit en richesses, les toîts de paille, indices & monumens de son ancienne pauvreté, étoient remplacés par des tuiles. C'est ce qu'ordonne un Statut de Ferrare de 1288, avec amende de vingt sols contre les Contrevenans.

Revenons aux nouvelles Isles, qui insensiblement, & de proche en proche, ont formé les territoires d'Altino, de Ravenne, &c. Les attérissemens, qui furent leur première liaison, étoient appellés *dorsi* ou *dossi*, *polesini*, *corregii* ou *corregie*, de la ressemblance sans doute de leur forme longue & étroite avec des courroies. En 871, l'Empereur Louis II. confirma en faveur de l'Evêque de Reggio, la donation de l'Isle Sazaria avec ses dépendances, *quæ ab hominibus Pagi vocantur Pullicini*. Aux termes du Statut de Ferrare (ci-dessus cité), entre les soins que s'imposoit le Podeſtat, il s'obligeoit, par ſerment, à veiller avec une attention particulière, *quòd pollicini diviſi aggerentur ita quòd per ipſos aggeres quilibet eques & pedes liberè poſſit ire.* Le terme de *corregio* ou *corregia*, dans le ſens dont il s'agit, étoit fort ancien en Italie. Il eſt défini, dans les *Scriptores rei agrariæ*, *Mons qui in medio uſquè ad jugalem permittit;* & ce mot devint le nom de la plûpart des Villages bâtis ſur ces crêtes abandonnées par les eaux. Dans un Acte de Garſendonius, Evêque de Mantoue, de l'an 1180, on trouve parmi pluſieurs lieux qui y ſont déſignés, *Corrigium Gaminetæ, Corrigium Trebatii, Corrigium de Languſculo... ſcela dividens unum corrigium ab alio. Flumen Arconinæ & lacus Taurus dividit alia cortigia.* Parmi les poſſeſſions données en 999 par Sainte Adélaïde, ayeule de l'Empereur Othon III. au Monaſtère de Saint Sauveur de Pavie, nous trouvons: *Corrigia in Tengola, Dorſum fraxanariæ, Corrigia Boniverti.* On trouve d'autres *corrigia* dans le teſtament du Marquis Alméric, de l'an 948. Enfin il y a toute apparence que la Ville de *Corregio*, patrie du fameux Corrége, & qui, après avoir long-temps eu ses Seigneurs particuliers, fait aujourd'hui partie des possessions de la Maison d'Est, doit son nom aux lagunes de terrein desséché, sur lesquelles furent bâties ses premières maisons.

Sous le regne de Frédéric I. tout le territoire de Ferrare étoit coupé, & pour la plus grande partie formé de marais impraticables. Radevicus, dans l'Histoire de cet Empereur, rapporte, sous l'an 1158, que ses forces pénétrèrent jusqu'aux murs de Ferrare : » Événement, ajoute l'Historien, » qui parut incroyable; » les marais dans lesquels refluent » les eaux du Pô, formant à cette » Ville une fortification inexpugna- » ble, d'où elle insulte à ses voisins, » & rit de leurs menaces. « Ces marais ont depuis disparu, & le terrein fertile qui les remplace actuellement, est une espèce de création que Ferrare doit aux travaux entrepris & exécutés par les ordres & sous les yeux de ses Souverains de la Maison d'Est, & sur-tout d'Hercule I.*

Les terreins qui, dans le reste de l'Italie, ont ainsi remplacé les lagunes, les marais & les marécages, en changeant la face du pays, y ont changé la nature du sol & des productions. Modene, par exemple, qui, du temps de Strabon, donnoit la meilleure laine qui fût alors connue, a perdu cet avantage, qui a été remplacé par des avantages d'une autre espèce. Les fouilles que la nécessité oblige de faire de temps en temps dans l'enceinte de la nouvelle Ville, découvrent des monumens du prodigieux exhaussement de son sol actuel, au-dessus de l'ancien, dans les ruines que ces fouilles rencontrent à une très-grande profondeur.

L'art aida la nature dans la création de ces nouveaux terreins, depuis que la paix, en multipliant les hommes, eut augmenté la consom-

---

Fù da le paludi mossa
Trà campi fertilissimi da lui.
Ariost. Cant. I. St. 48.

mation, les besoins, les travaux & la valeur des fonds. L'époque des plus grands efforts en ce genre, est aussi l'époque de la grandeur, de l'opulence & de la puissance qu'acquirent les Villes d'Italie érigées en Républiques. Les défrichemens furent bientôt poussés avec autant d'ardeur que les desséchemens. Une Charte de la Comtesse Mathilde, de l'an 1112, fait mention d'un terrein dans le Ferrarois, *quod nunc extirpatur, & ex parte extirpatum est*; plus, d'un Runchus *de Joanne Anastasii*. *Runchus*, dérivé de l'ancien mot latin *runcare*, est ce qu'en vieux François on appelloit un *essart*, c'est-à-dire, un bois ou une partie de forêt nouvellement esserté. La Comtesse Mathilde tenoit à cens & rente de l'Abbaye de Nonantula, une vaste forêt qui couvroit tout le territoire de Nogara. Après la mort de cette Princesse, le peuple de Véronne y fit mettre la coignée, pour la réduire en culture. Innocent II. dans un Bref de 1136, se plaignoit amèrement de cette entreprise, qu'il exprime en ces termes adressés au peuple de Véronne : *Quòd Nogarienfem sylvam extirpaveritis, eamque veftris ufibus excolatis.* Dans le contrat d'accenfement d'une forêt donnée à efferter dans le Ferrarois, en 1113, le Preneur dit : *Terram autem illam quam runcabo, frui debeo per annos tres, pofteà reddam terraticum ;* c'eft-à-dire, que la jouïffance de trois années fans charge, compenfoit les frais du défrichement.

Dans un titre rapporté en la première partie des Antiquités de la Maifon d'Eft, on rencontre les termes de *Xamplis* & *Zamplis*, fynonyme à *Ronchus*. Ménage, en fon *Hiftoire de Sablé*, pag. 80. obferve que plufieurs anciens titres Latins qu'il avoit examinés dans le Maine & dans l'Anjou, ont, au même fens, les mots *exemplum, exemplar, exemplatio,* & que ces mots ne fe trouvent guères que dans les titres de ces deux Provinces. On trouve dans du Cange, *terra exemplato, exemplatio, exemplum,* d'où *xemplum* ne differe que d'une feule lettre. Ces mots avoient fans doute leur fource dans *ampliane* ou *exampliare* des Latins ;

& de-là fera aussi né le *scempio* Italien. On appelloit aussi *novales*, les terres nouvellement réduites en culture : mais *ronchus* étoit le mot le plus généralement usité en ce sens, & il a donné le nom à une infinité de lieux répandus en Italie, sous la dénomination de *ronco, ronco vetere, ronchi, roncaglio, roncaglia, roncá*. Aucun de ces lieux n'est aussi célèbre dans les vieux monumens, que la *Roncaglia* de Plaisance. C'étoit un vaste champ sans arbres, situé sur les bords du Pô, & destiné aux assemblées des Princes & Barons d'Italie. Les Empereurs Allemands y tenoient cour plénière, lorsqu'ils venoient prendre la Couronne de Lombardie.

L'augmentation de la population qui obligea à esserter & à défricher, eut sa principale cause dans les exorbitantes libéralités des Souverains envers les Eglises & leurs Courtisans. Les terres, les Villages, les châteaux, les droits même régaliens prodigués à tous ceux qui les demandoient, formèrent un peuple de petits Souverains. Chacun de ces nouveaux Souverains, cantonné dans son petit Royaume, travailloit à améliorer ses possessions, à se fortifier, à attirer, à retenir & à fixer des habitans qui leur formassent une Cour & des sujets. Ces arrangemens se faisoient aux dépens du territoire des Villes; mais celles-ci fortifiées à leur tour par les ressources que la population tire de l'agriculture & du commerce, levèrent la tête dans l'onziéme siécle, & réduisirent tous les petits Potentats de leur voisinage à se soumettre à leurs Loix, à tenir maison dans leur enceinte, & à partager les honneurs & toutes les charges de la Bourgeoisie.

Extrait de la quinziéme Dissertation de Muratori.

Alors fut éteinte en Italie la servitude qui y avoit si long-temps régné. Sous la domination des Romains, tout son territoire étoit partagé en Domaines immenses, industriés par des troupes d'Esclaves qui suivoient ces Domaines dans les différentes mains où ils passoient successivement. L'invasion des Barbares, en rompant les fers de la plûpart de ces Esclaves, fit ce que n'avoit pu faire la Religion Chrétienne. Leurs Maîtres, menacés eux-mêmes de l'esclavage, les affranchissoient. Les claves eux-mêmes y pourvoyoient aussi, en prenant parti parmi les Barbares, qui ne connoissoient de droit de servitude que sur les Captifs qu'ils faisoient à la guerre. Cependant on trouve encore beaucoup d'Esclaves en Italie, sous la domination des Lombards & des François. Ils faisoient une partie considérable des biens de l'Eglise même : on voit, par plusieurs actes, que les Abbés & les Evêques les donnoient à cens à des Séculiers, sous lesquels leur condition étoit adoucie par l'espérance de l'affranchissement que l'on ne voit point que l'Eglise accordât ; par la raison sans doute que ces misérables suivoient la condition des immeubles auxquels ils étoient attachés. Ce fait & la facilité des Séculiers pour accorder les affranchissemens, s'établissent par une Loi de Pepin, qui

statue

statue que, " dans le cas où un pere " affranchiroit tous ses Esclaves par " son testament, la fille & héritière " pourroit en revendiquer & en ré- " server le tiers. " Les affranchissemens étoient encore facilités par la multiplicité des formes sous lesquelles les Loix les permettoient. Les petites Souverainetés érigées dans les dixiéme & onziéme siécles, furent comme autant de signaux qui appellèrent à la liberté les hommes qui gémissoient encore dans la servitude. Les petits Potentats souvent en guerre entr'eux, les Villes toujours armées l'une contre l'autre, affranchirent les Esclaves de leur territoire en les armant; & la proximité de toutes ces Puissances belligérantes, donnoit aux Esclaves, que leurs Maîtres vouloient retenir dans la servitude, des moyens aussi prompts que sûrs d'acquérir la liberté. En un mot, les Châteaux fortifiés dont se couvrit l'Italie, furent aux Esclaves qui y étoient encore répandus, ce que fut autrefois pour ceux du *Latium*, l'asyle ouvert par Romulus. L'incorporation de ces Esclaves à la bourgeoisie des Bourgs & des Villes, doit être comptée parmi les premières causes de l'accroissement prodigieux & très-prompt de la population en Italie.

Les Villes ne pouvant plus suffire au nombre de leurs habitans, étendirent leur enceinte. Ainsi s'aggrandirent Naples, Milan, Florence, Pavie, Vérone, Padoue, Crémone, Bologne, Ferrare, &c. qui, deux siécles auparavant étoient des déserts. Il n'est aujourd'hui personne dans ces Villes, pour peu qu'il soit au fait des Antiquités de sa patrie, qui ne montre aux Etrangers les aggrandissemens successifs de leur enceinte, & dans cette enceinte, quantité d'Eglises anciennement bâties hors des murs.

D'assez sages Réglemens pourvoyoient en même temps aux habitations qu'exigeoit la multiplication du peuple des campagnes. Le plus ancien Statut de la Ville de Modene » enjoint à tous ceux qui » avoient, entre cette Ville & Città » Nova, des possessions *ad minùs octo*

« *bubulcarum*, d'y bâtir une maison, » qu'ils habiteroient ou feroient ha-» biter. » Pour faciliter l'exploitation de ces possessions, le même Statut avoit établi un Corps d'Experts, *Æstimatores*, sur l'estimation desquels le propriétaire d'un fond considérable de terrein, s'approprioit, en payant, les petites piéces de terre enclavées dans ses héritages.

Si nous ramenons nos regards sur l'état actuel de l'Italie, nous verrons à quel point la population y est actuellement diminuée ; ensorte qu'excepté Livourne, & quelques Villes qui jouissent encore de la présence de leur Souverain, l'Italie, dans le sein de la paix, est menacée de revenir à l'état où l'avoient réduite les vieilles guerres dont j'ai parlé. La chûte de ses manufactures & de son commerce, dont d'autres Nations sont en possession, la domination étrangère à laquelle elle est soumise en grande partie, voilà les causes capitales de son dépeuplement. Sa population actuelle est néanmoins, au dire des Italiens, de vingt millions d'ames, dont ils donnent à Venise quatre millions, au Milanès deux cens quarante mille, au Piémont deux millions, & aux Etats du Pape, suivant le dénombrement fait sous les yeux du Cardinal Valenti, onze cens mille seulement.

Le luxe étant aux Etats florissans & aux Nations opulentes, ce que la rouille est aux métaux, examinons comment & jusqu'à quel point il s'établit en Italie dans les siécles du moyen âge. Cet objet n'est point échappé aux recherches de Muratori, qui lui a consacré une partie de sa vingt-troisiéme Dissertation, que je vais présenter par extrait.

On imagine aisément quel fut, à cet égard, l'état de l'Italie, dans les siécles qui précédèrent le renouvellement de sa splendeur. Au milieu de Villes & de campagnes converties en déserts, ses malheureux habitans échappés à la peste, à la famine & au fer des Barbares, ayant à peine de quoi fournir aux besoins de première nécessité, se trouvoient encore sans ressource, par la cessation totale du commerce. La politique leur interdisoit d'ailleurs toute ostentation qui pût irriter l'avidité d'un Conquérant aussi cruel que farouche.

Ricobaldo, qui vivoit & écrivoit dans le treiziéme siécle, a terminé son Histoire de Ferrare, par un tableau des mœurs des Italiens, ou au moins des Ferrarois ses compatriotes. « Sous Frédéric II. dit cet Historien, les mœurs, les usages, la
» façon de vivre étoient très-éloi-
» gnés de toute apparence de luxe.
» Les hommes portoient sur un bon-
» net qu'ils appelloient *majata*, une
» espèce de mître qui avoit des écail-
» les de fer pour tout ornement. Le
» mari & la femme mangeoient au
» même plat, sans assiettes, dont l'usa-
» ge étoit encore ignoré. Un ou
» deux gobelets suffisoient pour tou-
» te une maison. Ils soupoient à la
» lumière d'une lampe, l'usage des
» chandelles & des bougies n'étant
» pas connu. Les hommes portoient
» des manteaux de peaux sans dou-
» blure, ou d'une laine grossière sans

» fourrure : leur bonnet étoit de la
» même étoffe, ainsi que les habits
» des femmes, même des nouvelles
» mariées : on ne voyoit point ou
» très-peu d'or & d'argent dans tous
» les ajustemens. Quant à la table,
» le peuple ne mangeoit de la vian-
» de fraîche, que trois fois la semai-
» ne : il vivoit, à dîner, d'herbes
» cuites avec cette viande que l'on
» mangeoit froide à souper. Il n'y
» avoit que les plus riches qui bûs-
» sent du vin en Eté. On ne tenoit
» en réserve dans les celliers & dans
» les greniers, que le plus étroit né-
» cessaire. Les dots des femmes
» étoient proportionnées au peu de
» dépense que coûtoit leur entre-
» tien. L'habillement des filles con-
» sistoit en une espèce de tunique
» d'étoffe grossière, qu'elles appel-
» loient *soutanne*, & en un grand
» voile de lin, appellé *xocca*. Les
» ajustemens de tête, même pour les
» mariées, se réduisoient à quelques
» larges rubans qui leur ceignoient
» les temples, &, en retombant,
» accompagnoient les joues. Les
» hommes ne brilloient que par le

» choix des armes & des chevaux.
» La première Noblesse se distin-
» guoit par les tours dont elle forti-
» fioit ses maisons ; & ces tours an-
» nonçoient de loin les Villes où il
» y avoit le plus de Noblesse. On
» étoit alors opulent avec une très-
» petite somme d'argent. «

Ricobaldo se tait sur les mœurs du Clergé, qui, antérieurement aux temps que cet Historien avoit en vûe, étoit fort éloigné de la parcimonie des séculiers, au moins à en juger par les reproches amers de Saint Pierre Damien. Mais le Clergé étoit riche : la Religion avoit veillé sur ses biens, lors de la conquête des Lombards ; & la représentation à laquelle il étoit obligé, ne se pouvoit soutenir que par un air de luxe & de faste. D'ailleurs, ce luxe & ce faste ne faisoient peut-être sensation que par comparaison avec la misère du peuple. Quoi qu'il en soit, le même Saint Pierre Damien disoit des Cardinaux & des Evêques de son siécle: » Ils courent après les riches-
» ses, afin que leurs tables soient
» couvertes de pyramides de vian-

Opusc. 31. cap. 6.

» des relevées par toutes les épices
» de l'Inde, afin que mille sortes de
» vins brillent dans les cryſtaux les
» plus précieux, afin que, par-tout
» où ils arrivent, un lit brillant &
» ſomptueux les attende. Que dirai-
» je des baldaquins, des tapiſſeries,
» des tapis qui couvrent & rempliſ-
» ſent leurs appartemens?.... Telle
» eſt aujourd'hui la ſobriété, la ſim-
» plicité qui devroient annoncer les
» Miniſtres du Seigneur.... La pour-
» pre que vêtent les Rois eſt d'une
» couleur trop uniforme & trop pla-
» te: on n'emploie plus même pour
» les lits, que des étoffes bigarrées
» des couleurs les plus vives & les
» plus tranchantes. Les fourrures du
» pays ſont trop communes, les
» peaux d'agneau ſont trop viles;
» on leur préfere les hermines, les
» zibelines, les martres, ſans autre
» raiſon que leur exceſſive cherté.
» Je m'arrête au milieu du détail de
» ces vanités ridicules & dignes de
» larmes: je ne me ſens pas aſſez de
» courage pour parcourir des yeux
» ces mîtres plus riches que des tia-
» res, ces chevaux tels qu'à peine

» en trouveroit-on de pareils dans
» les écuries Impériales, ces anneaux
» chargés de pierres énormes, ces
» houlettes pastorales qui sont ense-
» velies sous l'or & les pierreries. Je
» n'ai jamais rien vû à Rome qui
» surpassât en ce dernier genre, la
» magnificence des Evêques d'As-
» coli & de Trani. «

Le luxe des plus grands Seigneurs ne brilloit que dans des pompes passagères : aux nôces, par exemple, de leurs enfans, ou lorsqu'ils les armoient Chevaliers. Pour fournir à ces dépenses extraordinaires, l'usage avoit établi une contribution sur les vassaux & sur les sujets. C'est d'après cette observation, qu'il faut apprécier la magnificence des nôces du pere de la Comtesse Mathilde, dont le Moine Donison nous a laissé un ample détail dans le premier Livre de son Poëme sur la vie de la Comtesse. D'ailleurs, l'imagination du Poëte est sans doute entrée pour quelque chose dans les apprêts & dans la dépense de cette fête.

Ainsi, de ces somptuosités instantanées, on ne peut rien conclure contre le tableau tracé par Ricobaldo. N'oublions pas cependant les reproches qu'un François faisoit aux Italiens sur leur goût pour la bonne chère; & cela dans un Poëme composé vers le commencement du dixiéme siécle, en l'honneur de l'Empereur Béranger *. Mais nous cherchons une bonne chère érudite, une chère assaisonnée par le luxe ; & ce passage ne nous offre que la bonne chère des Héros d'Homère.

Nous trouvons la première, dans la description que Jean de Salisbury nous a laissé d'un souper où il fut invité chez un riche Négociant de la Poüille. » Ce souper, dit-il, fut
» poussé très-avant dans la nuit; &
» comme si la Sicile, la Calabre, la
» Poüille & la Campanie n'eussent
» pu fournir de mets assez délicats,
» on nous y servit toutes les frian-
» dises, *delicias*, de Constantino-

---

* *Quid inertia bello*
Pectora, Ubertus ait, duris pretenditis armis
O Itali! potius vobis sacra pocula cordi,
Sæpius & stomachum nitidis laxare saginis

SUR L'ITALIE. 323
» ple, de Babylone, d'Alexandrie,
» de Tripoli, &c. Si vous voulez
» des détails sur l'abondance, sur la
» propreté, sur la ponctualité du
» service & sur la politesse aisée du
» Maître de la maison, le Trésorier
» de Cantorbery qui étoit avec moi
» de ce souper, pourra vous les don-
» ner. « Un Négociant de Cadix
pourroit aujourd'hui donner un pareil souper; & l'on concluroit mal,
si l'on en concluoit que l'Espagne
est aujourd'hui un pays de bonne
chère.

 Le douziéme siécle où vivoit Jean
de Salisbury, nous offre un monument encore plus singulier en ce
genre. Les Chanoines de Saint Ambroise de Milan alloient, à certains
jours marqués, dîner avec l'Abbé
& les Moines, qui partageoient avec
eux la desserte de la Basilique Ambrosienne. L'Abbé ayant voulu les
réduire dans ces repas à la pitance
de la Communauté, ils lui intentè-
rent procès, & conclurent contre
lui à ce qu'il leur fît servir neuf différentes sortes de mets à trois services. Au premier, des poulets froids,

O vj

gambas de vino, du porc froid, au second, des poulets farcis, du bœuf avec une sauce à la poivrade, & des tourtes en viandes : au troisiéme, des poulets rotis, des rognons à la basilique & des cochons de lait farcis. Le document de cette singulière contestation qui se trouve parmi les monumens de la Basilique Ambrosienne, recueillis par le Puricelli, ne prouve rien contre la mauvaise chère que faisoient encore les séculiers dans le siécle suivant.

Pag. 702.

Si l'on veut trouver dans le peuple un luxe continué & soutenu au milieu des malheurs & des désastres des siécles dont il s'agit, c'est à Rome qu'il le faut chercher. Cette Ville ne s'étoit ressentie que par contrecoup de l'irruption des Ostrogots & des Lombards. Tant que les Papes avoient résidé à Rome, leur Cour, ses richesses & sa dépense y répandoient l'argent si rare ailleurs ; enfin alors comme aujourd'hui, les Romains avoient un goût décidé pour la représentation : ils sacrifioient tout à ce goût qui régnoit & regne encore jusques dans la populace. Dès l'an 1108, Pascal II. dans le Concile de Bénévent, avoit interdit aux Ecclésiastiques l'usage des habits séculiers *. Tout ce que le luxe Romain avoit de plus précieux, fut déployé au passage de l'infortuné Conradin, lorsqu'en 1268 ce Prince alloit à sa malheureuse expédition de Naples. » Les rues par où il passa, » dit un Historien du temps, étoient » traversées par des cordes chargées » de ceintures, escarcelles, gands, » mitaines, brasselets, bagues, col- » liers, aiguilles à cheveux, corsets, » mantelets, manteaux, courtepoin- » tes & rideaux de lit. L'éclat des » plus riches étoffes, des plus pré- » cieuses couleurs, des plus belles » broderies, des fourrures de toute » espèce, étoit relevé par celui de » l'or, des pierreries & des perles » dont brilloient tous ces riches » joyaux. « Saba Malespina, Historien contemporain, nous donne cet étalage pour une chose merveilleuse **. Notre siécle, meilleur con-

---

* *Vestimenta secularia & pretiosa.*
** *Magnam & auditu mirabilem; una cosa stupenda.* Hist. Lib. 4.

noisseur en ce genre que Saba Malespina, en jugera peut-être autrement.

Naples fut la porte par laquelle le luxe entra vraiment en Italie. Des milliers de Provençaux & de François avoient suivi Charles d'Anjou à la conquête de ce Royaume : sa fortune attira à Naples de nouveaux essains d'Aventuriers qui se soutenoient à la Cour, & y aspiroient aux graces par un faste & des dépenses qui n'étoient ruineuses que pour les Marchands. Une Cour leste & brillante fut pour toute l'Italie un spectacle absolument nouveau, & un exemple d'autant plus contagieux, que les Italiens commençoient alors à s'enrichir.

Un Journal imprimé parmi les *Scriptores rerum Italicarum*, nous peint l'extase des Napolitains à la vûe des magnificences de l'entrée de Charles d'Anjou & de la Reine sa femme. » La marche étoit ouverte par » quatre cents hommes d'armes » François en superbe uniforme, » tous casqués, avec aigrettes & pa- » naches : suivoit une compagnie de

» Frisons chargés des plus riches li-
» vrées; marchoient ensuite soixan-
» te Seigneurs François, avec de
» grosses chaînes d'or au col; enfin
» paroissoit la Reine dans un car-
» rosse, *caretta*, garni en-dedans &
» en-dehors de velours bleu-céleste,
» semé par-tout de fleurs de lys d'or :
» *De toute ma vie,* ajoute l'Auteur du
» Journal, *je n'ai rien vu d'aussi bril-*
» *lant* *. «

C'est le premier carrosse que j'aie *Rollandino* apperçu dans les monumens des sié- *Chron. Lib.* 4 cles qui ont été l'objet de mes re- *cap.* 9. cherches. Frédéric II. arrivant à Padoue en 1239, toutes les Beautés, dans leurs plus riches atours, avoient été au-devant de ce Prince : *Sedentes in phaleratis & ambulantibus palafredis.*

Avant que de suivre le luxe dans *Parad. L.* 10 ses progrès, rappellons la peinture des temps antérieurs que le Dante met dans la bouche de Gaccia Guida, l'un de ses ancêtres.

» J'ai vû, dit ce bon vieillard ;

---

* *Tale che, à vita mia non vidi più bella vista.*

» j'ai vû le temps où Florence avoit
» la paix au-dedans & au-dehors.
» Alors la pudeur & la frugalité te-
» noient lieu aux femmes de ces
» chaînes d'or, de ces couronnes,
» de ces ceintures & de tous ces
» affiquets qui attirent les regards,
» en les détournant de celles qui les
» portent. La joie d'un pere à qui il
» naiſſoit une fille, n'étoit point
» empoiſonnée par l'idée de la dot
» déméſurée qu'il faudroit lui don-
» ner ; & ces idées funeſtes ne dimi-
» nuoient point le nombre des naiſ-
» ſances. J'ai vû les Chefs de Flo-
» rence, j'ai vû Bellincion Perti pa-
» roître dans les rues, avec une cein-
» ture de cuir arrêtée par une agraffe
» d'os, donnant le bras à ſa femme,
» dont la toilette ſe faiſoit ſans mi-
» roir. J'ai vû les Nerli, j'ai vû les
» Vecchio couverts d'une peau avec
» ſa laine pour doublure, & leurs
» femmes occupées chez elles à cou-
» dre & à filer. «

Nous avons l'échelle des progrès
du luxe, dans les loix dont il fut
l'objet. Au Concile tenu à Lyon en
l'an 1274, Grégoire X, défendit aux

femmes de toute la Chrétienté les ajuſtemens & les dépenſes immodérées qu'ils entraînoient. Dans les Statuts que la République de Modene ſe donna en 1323, ” il eſt dé-
” fendu aux femmes-de-chambre,
” aux ſuivantes & à toutes femmes
” de petite condition, de porter des
” robes traînantes, & d'avoir ſur la
” tête des rubans de ſoie ; & aux
” femmes de toutes conditions, de
” porter des robes dont la queue ait
” plus d'une braſſée de longueur,
” meſure de Modene, des colliers,
” des braſſelets, des ceintures de la
” valeur de plus de cinquante ſols,
” & des garnitures de robes au-delà
” de la valeur de trois livres, avec
” amende contre tout Orfévre ou
” Tailleur qui ne ſe conformeroit
” pas à ce Réglement. «

Jean Villani, au treiziéme Livre de ſon Hiſtoire, parle, ſous l'an 1342, de l'empreſſement des jeunes Florentins pour ſubſtituer à la toge Romaine qui s'étoit conſervée juſqu'alors à Florence, l'habillement plus leſte, mais très-compliqué & très-incommode, dont les François de la suite du Duc d'Athènes avoient conservé la mode : c'étoit une espèce d'habillement de Crispin, que les Espagnols ont long-temps conservé.

Un Manuscrit anonyme du quatorziéme siécle, sur quelques familles nobles & roturières de Padoue, nous apprend que dans cette Ville les enfans alloient la tête découverte jusqu'à l'âge de vingt ans : usage que Milan a très-long-temps conservé, & que Locke a travaillé à établir en Angleterre. » A l'âge de
» vingt ans, continue le Manuscrit,
» ils prenoient les chapeaux de For-
» li, ou des capuchons ou chape-
» rons. Sur un habit découpé, déchi-
» queté & très-étroit, ils portoient
» un large épitoge ou surtout. Les
» étoffes qui entroient dans cet ha-
» billement, coûtoient vingt sols au
» moins la brassée. Un domestique
» nombreux & bien tenu, de bons
» chevaux, de belles armes annon-
» çoient les gens de bonne maison.
» À certaines fêtes, la jeune Noblesse
» réunie donnoit en commun des
» fêtes à ses Maîtresses, l'un d'eux

» prêtant sa maison pour ces fêtes;
» chaque soupirant y accompagnoit
» & servoit sa Belle; ces fêtes
» étoient terminées par des danses
» & autres exercices du corps (*hasti-*
» *ludia*). Les maisons de campagne
» des environs de Padoue rassem-
» bloient des jeux & des divertisse-
» mens continuels. Les jours de fête,
» toute la jeune Noblesse à cheval,
» par troupes de deux ou trois cents,
» s'exerçoit à des courses ou à des
» tournois, d'où toujours quelqu'un
» revenoit blessé. De-là, la campa-
» gne de Padoue fut appellée *la*
» *Marche* ou *Royaume d'Amour*. «
Ainsi vivoit Padoue sous cet Ezzelin de Romano, que Venise dépouil-
la de ses Etats, & que tous les Historiens Vénitiens représentent comme
le plus cruel de tous les Tyrans anciens & modernes *. Ils ont oublié

---

* Dans l'éloge de la Maison d'Est qui avoit fourni au Poëte Guelfe plusieurs grands Généraux, l'Arioste a choisi les couleurs les plus noires pour le portrait d'Ezzelin:

Ezzelino immanissimo Tiranno
Che sia creduto figlio del Demonio,

de faire observer que ces jeux qu'il favorisoit & animoit, faisoient peut-être partie de ce que les Politiques appellent *arcana tyrannidis*. Les femmes, abandonnées à leur discrétion, épuisoient tous les expédiens pour varier les ajustemens, les multiplier & les rendre plus coûteux. Le Manuscrit cité entre dans le détail de ce qu'elles imaginèrent en ce genre: les *falbalas* en font partie; au moins me semble-t-il les voir dans les *girones* & dans les *crispata* du Manuscrit. Il nous apprend encore qu'avant le regne d'Ezzelin, la Bourgeoisie ne se mêloit point aux fêtes de la Noblesse, & qu'il étoit du droit public qu'en pareil cas, *les jeunes Gentilshommes souffletassent les Roturiers qui osoient se mêler avec eux* *. Le luxe

---

Farà, troncando i sudditi tal dama
E disiraggendo il bel paese Ausonio,
Che pietosi, appo lui, saranno
Mario, Silla, Neron, Caio, e Antonio.
Orl. Cant. III. St. 33.

* *Juvenes filii Nobilium super popularium maxillas quam citiùs alapas apponerent.*

établi sous Ezzelin, en rapprochant & en confondant les conditions, fit taire ce droit.

On voit dans les *Scriptores rerum Italicarum*, que François Pepin, en sa Chronique écrite vers l'année 1313, oppose au tableau des mœurs du siécle précédent, tracé par Ricobaldo, la peinture de celles du siécle où il écrivoit. » Aujourd'hui, » dit-il, tout semble conspirer à la » perte des mœurs & des biens. La » somptuosité a pris la place de l'an- » cienne parcimonie. Dans les ha- » billemens, le prix énorme des » étoffes le céde à celui de l'ajuste- » ment où l'on prodigue les perles, » les plus précieux métaux, la soie & » les fourrures achetées de l'Etran- » ger. Le luxe s'est aussi emparé de » la table. Il nous apporte des vins » des pays les plus éloignés; il pré- » side à une chère abondante & dé- » licate; il érige enfin de vils Cuisi- » niers en hommes importans. Ai- » guillon de l'avarice & de la cupi- » dité, il autorise & légitime l'usure, » la violence, les bassesses, la fraude, » la rapine, les troubles dans l'Etat,

» l'abus de ses Finances, & tout
» moyen de fournir aux besoins qu'il
» fait naître. « Pour terminer la peinture de son siécle, Pepin renvoie à celle que Sénèque nous a laissée de tous les siécles où le luxe est en honneur *.

Si l'on veut prendre une connoissance exacte des mœurs de l'Italie dans le quatorziéme siécle, c'est-à-dire, dans le siécle de son opulence & de sa splendeur, il faut consulter le tableau que Jean Musso nous a laissé des mœurs de Plaisance, sa patrie. Je vais essayer de copier ce tableau, en suivant littéralement le Musso dans tous les détails où il est entré : on y retrouvera avec étonnement notre luxe & la plûpart des modes actuelles en France.

» Les dépenses des hommes &
» des femmes pour la table & pour
» les habillemens, sont aujourd'hui
» à un point que nos ancêtres n'eus-
» sent pu ni imaginer, ni prévoir.
» Les habits des femmes, d'une lon-
» gueur & d'une ampleur démesu-

---

* *Omne certamen ad turpia, &c.*

» rées, sont de velours des plus ri-
» ches couleurs, d'étoffes de soie,
» de soie & or, & de brocard d'or.
» En laine, c'est la plus fine écar-
» late, c'est le pourpre, c'est le gros
» bleu ; & l'étoffe qui entre dans
» une robe, coûte depuis vingt-cinq
» jusqu'à soixante & dix florins ou
» ducats d'or. Les manches en sont
» si longues, qu'elles traînent sou-
» vent jusqu'à terre ; leur excessive
» largeur est toute ramenée sur la
» partie supérieure, qui est ouverte
» pour donner passage à la main.
» Ces robes ont des garnitures, tan-
» tôt de cinq à six onces de perles,
» à dix florins l'once, tantôt de
» grands galons ou de larges den-
» telles d'or, qui couvrent le collet
» & l'extrémité des manches, & s'é-
» tendent sur de petits capuchons
» ou chaperons que l'on peut rame-
» ner sur la tête. Elles sont arrêtées
» par des ceintures enrichies d'ar-
» gent doré ou de perles de la va-
» leur de vingt-cinq florins. Ajoutez
» à cet ajustement, des bagues en-
» richies de diverses sortes de pier-
» reries de trente à cinquante flo-

» rins. Cet habillement, qui forme la
» grande parure, couvre entière-
» ment la gorge. D'autres robes,
» sous le nom de *Cypriennes*, ne
» sont pas si modestes. Ces Cy-
» priennes très-amples par le bas,
» embrassent étroitement la taille
» par le haut; elles ont les mêmes
» manches que les autres robes,
» portent les mêmes garnitures, &
» de plus ont, dans toute leur lon-
» gueur, une garniture de boutons
» en argent doré ou en perles. Ces
» robes peu modestes découvrent
» la gorge, qui semble faire effort
» pour s'échapper des entraves qui
» la resserrent. A l'immodestie près,
» cet habit est très-parant. «

Passons actuellement à la parure de tête. » Ce sont des couronnes
» ou guirlandes d'argent doré, d'or
» pur, ou de perles, de la valeur de
» soixante & dix florins jusqu'à cent:
» ce sont des *trézoles*, de grosses per-
» les de cent à cent vingt-cinq flo-
» rins ; ce sont des *fagiottes* de cin-
» quante à cent florins. On appelle
» *trézoles*, trois cens grosses perles
» distribuées sur trois fils. Ces orne-
» mens

» mens répandus parmi les treſſes
» des cheveux, ſe remplacent au-
» jourd'hui par des plaques taillées
» en forme de cœurs, ſur leſquelles
» ces joyaux ſont grouppés. «

N'oublions pas les mantelets *, & les patenôtres ou chapelets de corail & d'ambre. » Chaque femme
» a, au moins, trois mantelets en
» bleu, en violet & en camelot moi-
» ré, tous doublés d'une pluche très-
» fine & très-blanche, en ſoie ou
» coton, en hermine & menu vair,
» les uns avec capuchon, les autres
» ſans capuchon. Ces mantelets ont
» ſuccédé aux mantes que portoient
» nos meres. Ces mantes, froncées
» dans toute leur largeur, ouvertes
» par-devant, & garnies juſqu'à la
» ceinture de boutons d'argent doré
» ou de perles, environnoient tout
» le corps de la tête aux pieds. Cet
» ajuſtement eſt aujourd'hui réſervé
» aux veuves, qui le portent en brun
» ſans or ni perles, & avec des bou-
» tons de l'étoffe même de l'habit.
» Leurs mantelets & capuchons ſont

---

* *Mantellos ſive clamydes curtas.*

» doublés de la même pluche que
» ceux des autres femmes.

» Nos jeunes gens portent aussi
» des cabans ou surtouts de drap &
» quelquefois de velours, d'une am-
» pleur démésurée, allant jusqu'à
» terre, doublés de belles fourrures
» formées de peaux d'animaux do-
» mestiques ou sauvages. Cette pié-
» ce de l'habillement coûte vingt à
» trente florins. Ils ont aussi des
» manteaux & des mantelets, & des
» chaperons de drap en double, sur
» lesquels ils portent des toques
» d'écarlate, travaillées à l'aiguille.
» Leur véritable habit est large ou
» étroit, mais toujours tellement
» court, qu'il laisse voir tout ce qui
» est au-dessous de la ceinture *. Le
» reste de l'habillement consiste en
» des caleçons de toile de lin, & de
» grandes chausses d'étoffe arrêtées
» en cinq endroits à une camisole de
» dessous : mais ces caleçons & ces
» chausses collent de manière à ne
» rien cacher de la forme de tout ce
» qu'ils couvrent. L'habit, qui a de

---

*. *Medias nates & membrum & genitalia.*

» petites basques par-devant & par-
» derrière, est, suivant la saison, de
» velours, de camelot, ou de la plus
» fine toile de lin : le tout brodé en
» argent ou en soie, & quelquefois
» en perles. Les gens les mieux faits
» ont sur cet habit une ceinture ou
» écharpe. Ce n'est qu'en hyver que
» l'on porte généralement le capu-
» chon ou un très-petit chaperon,
» terminé en bec qui va jusqu'à ter-
» re*. La jambe est garnie de petites
» bottines blanches à semelle, sou-
» vent terminées au bout du pied
» par une pointe ou un petit bec rem-
» bourré & long de trois pouces :
» ces becs sont une nouvelle mode.
» Enfin, les jeunes gens ont, ainsi
» que les femmes, des colliers d'ar-
» gent, d'argent doré, de perles ou
» de corail. Ils se rasent la barbe, &
» leurs cheveux coupés jusqu'à la
» moitié des oreilles, sont arrondis
» par derrière. Suivant leurs facul-
» tés, ils ont un ou plusieurs che-

---

* Ita quod omnes videntur esse in foga, tamen non sunt in foga. J'ignore ce que cela
peut signifier.

» vaux, un ou plusieurs Valets. Les
» gages des Valets sont de douze
» florins d'or, & ceux des Filles de
» chambre, de sept; on les nourrit,
» & ils s'habillent.

» La table n'est ni moins brillan-
» te, ni moins recherchée que les
» habits. Voici de quelle manière
» elle est servie, sur-tout aux repas
» de cérémonie. Le service com-
» mence par des confitures séches
» & du vin rouge & blanc. Suit un
» chapon ou deux, & une grosse
» piéce de viande, avec une sauce
» aux amandes & au sucre, relevée
» par de fines épices. Vient ensuite
» le rôti, composé, suivant la sai-
» son, de poulets, chapons, fai-
» sans, perdrix, liévre, chevreuil,
» sanglier, & de toutes viandes blan-
» ches & noires. Le rôti est relevé
» par des tourtes & pâtisseries gla-
» cées de sucre que suivent les fruits.
» On lave ensuite; & avant que la
» table soit levée, on boit, puis
» on mange des confitures, & l'on
» boit encore. Au lieu de tourtes,
» on sert quelquefois des tartes com-
» posées d'œufs, de fromage frais &

» lait, & glacées de sucre. En hy-
» ver, on sert des pâtés froids en
» volaille & gibier, en volaille &
» en veau, ou enfin en poisson. En
» Eté, ces pâtés sont de volaille
» seule, ou de chevreau, ou de veau
» mêlés avec la volaille. En Carême,
» le repas commence par le vin &
» les confitures, que suivent diffé-
» rens services : 1°. de figues séches
» & d'amandes pelées ; 2°. de gros
» poissons au sec, avec une sauce à
» la poivrade ; 3°. du riz au lait d'a-
» mande & au sucre, & d'anguilles
» salées ; 4°. d'une étuvée de bro-
» chet ; 5°. de noix & de fruits ; 6°.
» le vin & les confitures.

» Le luxe de la table, des habits,
» des logemens & des ameublemens
» date à Plaisance d'environ soixan-
» te & dix ans ; c'est-à-dire, qu'il a
» commencé à s'y introduire vers
» l'an 1320. Les maisons ont aujour-
» d'hui des salles, des chambres à
» cheminée, des cours en portiques,
» des puits, des jardins, & mille ai-
» sances & commodités ignorées de
» nos ancêtres. Telle maison qui au-
» jourd'hui a plusieurs cheminées,

P iij

» n'en avoit point dans le dernier
» siécle. Le feu se faisoit au milieu
» de la maison; la fumée se perdoit
» à travers les tuiles; toute la famil-
» le environnoit ce feu, où se fai-
» soit la cuisine: usage qui subsistoit
» encore de mon temps en bien des
» maisons qui n'avoient pas même
» de puits. Le vin est l'objet que le
» luxe a le moins négligé: on le boit
» infiniment meilleur que dans le
» dernier siécle.

» Dans l'intérieur des familles, le
» Maître de la maison, avec sa fem-
» me & ses enfans, mange à une
» première table, dans une chambre
» à feu, le plus souvent dans la
» cuisine. Un tailloir ou assiette sert
» pour deux personnes: chacun a sa
» coupe & deux verres de crystal,
» l'un pour l'eau & l'autre pour le
» vin. Plusieurs se font servir par
» leurs domestiques, qui coupent
» les viandes sur la table, & leur
» donnent à laver avant & après le
» repas.

» On dépense aujourd'hui, en
» ameublemens, douze fois plus
» qu'avant 1330. Le goût pour ces

» dépenses nous est venu de Fran-
» ce, de Flandre, & d'Espagne ;
» Plaisance réunit aujourd'hui le
» luxe de tous ces pays. Les tables
» qui n'avoient jadis que douze
» pouces de large, en ont dix-huit
» aujourd'hui. Ces tables sont gar-
» nies de nappes & de garde-nappes :
» on y voit des tasses, des cuillières
» & des fourchettes d'argent, des
» écuelles de toutes grandeurs, de
» grands couteaux, des aiguierres
» & des bassins. Les lits garnis de
» couvertures de soie, ont des ciels
» ou de petits baldaquins, d'où
» tombent tout autour des rideaux
» de toile. On est éclairé par des
» torches & par des chandelles de
» suif ou de cire, portées par des
» chandeliers de bronze ou de fer ;
» enfin chaque maison est fournie
» de toutes les ustensiles de nécessité
» & de commodité.

» Presque par-tout on a deux feux,
» l'un pour la chambre, l'autre pour
» la cuisine. On fait de grandes pro-
» visions de confitures : rien ne coû-
» te pour satisfaire la sensualité.

» Suivons le luxe dans ses effets.

» Les dots ont augmenté en propor-
» tion de la dépense : elles sont au-
» jourd'hui de quatre, cinq, ou six
» cens florins, que le mari emploie
» en habillemens pour sa femme, &
» en frais de nôces. Le pere de la
» mariée dépense de son côté, outre
» la dot, une centaine de florins en
» trousseau, en présens & en autres
» frais devenus nécessaires.

» Les gains illicites sont devenus
» la ressource necessaire d'un luxe
» qui a déja ruiné une infinité de fa-
» milles, peu attentives à mesurer
» leurs dépenses sur leurs facultés.
» En comptant avec elles-mêmes,
» elles auroient sçu qu'une maison où
» il y a neuf bouches & deux che-
» vaux, ne peut, avec l'économie
» que comporte le siécle, être dé-
» frayée par année, à moins de trois
» cens florins valant quatre cens
» quatre-vingts livres Impériales,
» & ainsi à proportion des bouches ;
» sans parler des dépenses extraor-
» dinaires, imprévues & inévitables.
» On dépense à bon compte, sans
» entrer dans ce calcul ; & après
» avoir brillé dans sa patrie, on est

» forcé de la quitter, de se jetter
» dans le service étranger, de deve-
» nir commis dans un magasin, ou
» Courtier de banque, &c.

　» Tels sont les dangers qu'affron-
» tent à l'envi la Noblesse, les mai-
» sons de commerce & la Bourgeoi-
» sie de Plaisance : je n'en excepte
» pas les Artisans que le luxe a aussi
» gagnés, & qu'il poursuit jusques
» dans la taverne. «

RAVENNE.

De Sinigaglia, nous reprîmes la route de Venise, en revenant sur nos pas jusqu'à Rimini, d'où nous passâmes à Cervie, petite Ville dont les salines fournissent à la consommation des Etats du Pape & d'une partie de la Lombardie. Cette Ville, qui a le titre d'Evêché, ne nous offrit que des magasins solidement construits & fermés exactement, ainsi que ses maisons, qui nous parutent peu habitées. Tout son territoire, mélange aride de sel & de sable, ne produit que des exhalaisons très-nuisibles à la santé. Il paroît avoir été formé par la mer, du sein de laquelle est sortie la plus grande partie du pays que le Pape possede sur cette côte.

Nous traversâmes ensuite une grande forêt de pins, dont le sol entièrement de sable, n'a ni herbe ni verdure. La graine de ces pins doit sans doute à cette aridité la maturité qu'elle acquiert, & qui en fait une denrée très-renommée & fort répandue dans toute l'Italie. C'est dans cette forêt appellée *la Pigneta* par Boccace qu'il a placé la scène de cette étrange apparition, racontée dans la huitiéme Nouvelle du cinquiéme Livre du Décaméron *.

En approchant de Ravenne, nous perdîmes la mer de vûe dans des lieux qu'elle couvroit encore sous les Exarques, c'est-à-dire, dans les sixiéme & septiéme siécles de l'Ere Chrétienne. Au milieu de la plaine qu'elle a formée en se retirant, nous laissâmes à notre gauche l'Eglise de Saint Apollinaire : magnifique, mais unique reste de l'importante Ville de Clasce **, qui, sous les Empereurs Romains, selon le témoignage de Suétone, gardoit l'embouchure méridionale d'un port où Auguste avoit établi la station de la Flotte

---

* Cette apparition, dit-il, *fù cagione che tutte le Ravignane Donne sì paurose ne divenjero, che sempre poi troppo arrendevoli à piaceri degli uomini furono.*

** Dans le Conte cité ci-dessus, Boccace l'appelle *Chiassi.*

destinée à la garde de la mer Adriatique. Le fond de ce port étoit défendu par une autre Ville appellée Céſarée, & Ravenne en commandoit l'embouchure ſeptentrionale. Ce port, dont l'entrée ſans doute étoit reſſerrée par des moles & par des jettées, avoit une lieue de largeur ſur autant de profondeur; & ſes bords, dans l'intervalle des trois Villes qui le commandoient, étoient couverts de magaſins, de caſernes pour les Soldats & pour les Matelots, & de maiſons de plaiſance. Les fouilles découvrent tous les jours des veſtiges de vaſtes & ſolides bâtimens, qui, des trois Villes que je viens de nommer, formoient une Ville continue. En abandonnant ces beaux lieux, la mer ſemble les avoir engloutis : ils n'offrent plus qu'une plaine raſe & toute unie.

La Ville de Ravenne domine cette plaine : ſon ancienne ſituation, d'après la deſcription que Strabon nous en a laiſſée, reſſembloit aſſez à la ſituation actuelle de Veniſe. Elle eſt maintenant éloignée de la mer de plus d'une lieue.

SUR L'ITALIE.

Dès le cinquiéme siécle, elle avoit déja essuyé quelques changemens. L'ancien port étoit comblé, & on en avoit ouvert un nouveau. Sidonius Apollinaris nous l'apprend dans la cinquiéme de ses Lettres du premier Livre : Lettre qui contient une Relation de son voyage de Rome, & la description des lieux les plus considérables qu'il avoit vû sur la route.

RAVENNE.

Ravenne est l'objet de la huitiéme Lettre du même Livre. Sidonius Apollinaris y plaisante assez aigrement aux dépens de cette Ville, aussi-bien que d'un certain Céfénato qui y résidoit alors, & qui l'avoit raillé sur la différence qu'il devoit trouver entre la légèreté de l'air de Rome & l'épaisseur de celui de Lyon. Cette plaisanterie roule sur une description antithétique de Ravenne, dont les traits principaux conviennent à Venise dans son état actuel *.

---

*Te Ravennæ feliciùs exulantem, auribus Padano culice perfossis, municipalium Ranarum loquax turba circumsilit : in quâ palude

RAVENNE. Le même Strabon dit encore que Ravenne fut fondée par les Thessaliens, dans ces temps sans doute où des essains d'hommes sortis de la Grèce, aujourd'hui presque déserte, vinrent couvrir d'habitans les côtes d'Italie qui étoient le plus à leur portée : elle fit partie des conquêtes des Romains sur les Gaulois-Boïens qui en avoient chassé les Sabins. Tibère releva ses murs avec une magnificence dont la *Porta aurea* présente encore des vestiges. Elle fut le séjour favori de Galla Placidia, fille, sœur & mere d'Empereurs, & qui, dans les circonstances les plus critiques, soutint la fortune chancelante de l'Empire d'Oc-

---

indesinenter, lege omnium perversâ, muri cadunt, aquæ stant, turres fluunt, naves sedent, ægri deambulant, medici jacent, algent balnea, domicilia conflagrant, sitiunt vivi, natant sepulti, vigilant fures, dormiunt potestates, fœnerantur Clerici, Syri psallunt, negociatores militant, milites negociantur, student pilæ senes, aleæ juvenes, armis Eunuchi, litteris fœderati. Tu vide qualis sit Civitas..... quæ faciliùs territorium potest habere quàm terram.

cident. Théodoric y fixa ensuite le siége de son Empire. Après avoir, pendant soixante & douze ans, obéi aux Ostrogots, Ravenne repassa sous la domination des Empereurs de Constantinople, qui la gouvernèrent par des Exarques, sur lesquels Astolphe, Roi des Lombards, la conquit en l'an 732. Cette conquête mettoit les Lombards aux portes de Rome : elle y redoubla l'allarme des Papes qui appellèrent les François. Pour les rassurer, Charlemagne, après la conquête de la Lombardie, les gratifia, disent les Italiens, de la pleine souveraineté de Ravenne & de son Exarcat qui s'étendoit de Rimini à Plaisance, & de l'Apennin aux marais du Véronnois & du Vicentin. Dans les siécles suivans, Ravenne remise en liberté osa se défendre contre Frédéric II. mais elle fut obligée de céder aux forces des Bolonnois. Après leur avoir obéi pendant environ un siécle, elle fut déchirée par des factions excitées dans son sein entre les Maisons de la Traversara & de la Polenta. La dernière

RAVENNE.

ayant pris le deſſus, s'empara de l'autorité, qu'elle conſerva paiſiblement juſqu'en 1440. Les Vénitiens s'en emparèrent alors, la fortifièrent, & elle devint un des boulevards de leur domaine de Terre-Ferme.

En 1509, la victoire d'Agnadel la leur enleva, & Louis XII. la donna à Jules II. qui, dès l'année ſuivante, arma toute l'Europe contre ce Roi. Sous les murs de cette Ville ſe donna, en l'année 1512, le jour même de Pâques, cette bataille ſi mémorable pour la bravoure françoiſe, qui avoit en tête toutes les forces de l'Italie & de l'Eſpagne. Dix-huit mille hommes reſtèrent ſur le champ de bataille. Les François victorieux, mais énervés par la perte de leur Chef & de la fleur de la Nation, perdirent toute l'Italie, où il ne leur reſta que les Châteaux de Milan, de Novarre & de Crémone. La priſe de Ravenne avoit été le premier fruit de la victoire, & cette Ville avoit éprouvé toutes les horreurs que peut commettre une armée victorieuſe & ſans Chef.

Elle repaſſa bientôt ſous la domination Papale. Les Vénitiens l'ayant repriſe en 1527, pendant la priſon de Clément VII. la rendirent deux ans après à l'Egliſe, qui y a établi le ſiége de la légation de la Romagne.

Avant que d'arriver à Ravenne, nous apperçûmes ſur la gauche une Croix érigée en mémoire de la bataille dont je viens de parler. Cette Croix eſt ſur le bord d'une petite rivière appellée *le Ronco*. Cette rivière, le Montone & quelques torrens qui tombent de l'Appennin, ſe perdoient dans les attériſſemens qui environnent Ravenne, &, n'y ayant point de lit certain, ſe portoient ſur cette Ville même, qu'elles menaçoient de détruire. On a enfin pourvu à ſa ſûreté, par des canaux dont la ſçavante diſtribution, qui ſemble au premier coup d'œil n'avoir que l'agrément pour objet, en embelliſſant ſon territoire, lui établit une communication avec la mer. Cette entrepriſe digne de l'ancienne Rome, formée & exécutée ſous le Gouvernement auquel ce beau pays

RAVENNE.

obéit, sera pour la postérité un illustre monument de ce que peut, dans quelque siécle & en quelque pays que ce soit, un génie tel que celui du Cardinal Albéroni, qui, en trois années, a commencé & terminé ce grand Ouvrage. Les Vénitiens avoient déja utilement travaillé à défendre Ravenne contre l'effort des eaux, en détournant l'embouchure du Savio, qui formoit autrefois son port. Cette rivière se jette aujourd'hui dans la mer à travers les sables de Cervia.

Ravenne n'est plus qu'une vaste solitude : ses rues sont larges, bien alignées, bien percées ; elle a des places, des fontaines, & dans la plûpart de ses édifices sacrés, d'augustes restes de son ancienne splendeur. Son territoire est de la plus grande fertilité : il ne lui manque que des cultivateurs. Le sol actuel, très-élevé au-dessus de l'ancien sol qui est aujourd'hui sous l'eau, étoit très-convenable aux mûriers*. Ces arbres

---

* Voyez les articles de MILAN & de PÉZARO, sur le commerce des soies.

périssent, sans qu'on s'occupe à les remplacer, Ravenne n'ayant plus de débouché pour ses soies, que dans la commisération intéressée des Anglois.

Les marbres les plus rares & les plus précieux brillent dans les Eglises bâties à Ravenne par Justinien, par Placidie & par Théodoric. Les Ouvrages de ce dernier Prince confirment avantageusement ce qu'Ennodius, dans son Panégyrique, dit de son goût pour les Sciences & pour les Arts *. Rien de moins barbare que les Ouvrages de Cassiodore, son Chancelier, qui fut le Fontenelle de son siécle ** : rien de moins

---

* *Eum educaverat in gremio civilitatis Gracia.*

** Cassiodore forme, avec Sidonius Apollinaris, une classe à part, parmi les Auteurs Latins dont ils terminent la liste. Des tours singuliers, des expressions gigantesques, des mots détournés de leur signification ordinaire, constituent le style de ces deux Écrivains qui, dans les choses les plus communes, mettent ou une magnificence ou une finesse également déplacées. Cependant Cassiodore dépecé remplissoit les Sermons, les Plaidoyers & tous les Discours d'apparat de nos

gothique que tous les monumens de ce Roi des Oſtrogots. Pauſanias s'eſt épuiſé en éloges ſur beaucoup de monumens de l'ancienne Grèce, dont la magnificence n'égaloit pas celle des Egliſes de Saint Vital *di Claſce di Dentro*, & de Saint Apollinaire *in Ciel-aureo*.

La première de ces Egliſes, bâtie, à ce qu'on croit, par Juſtinien, ainſi que celle de Saint Apollinaire *di Claſce di fuora*, eſt un dôme octogone environné de bas-côtés qui portent un rang de galeries. Au premier coup d'œil, les proportions intérieures de cet édifice me parurent un peu courtes, & je vis avec étonnement les colonnes ſans baſe portant à crû ſur le pavé. Mais on m'ouvrit une eſpèce de ſouterrain, dans lequel, à trois pieds environ de profondeur, je vis l'ancien pavé d'une riche moſaïque & la baſe d'une des colonnes.

Orateurs François du ſeiziéme ſiécle : ils trouvoient plus d'eſprit & de fineſſe dans ce dernier des Latins que dans Cicéron. D'ailleurs le nom de Caſſiodore ſembloit fait pour frapper & remplir les oreilles d'un Auditoire ignorant.

tout cela est une partie de l'année sous l'eau. Il ne faut pas chercher dans ces monumens des bas-siécles de la Grèce, la régularité littérale de l'ancienne Architecture Grecque: cette régularité est compensée, autant qu'il est possible qu'elle le soit, par la hardiesse, la légèreté & la propreté de la main-d'œuvre; enfin par la richesse des marbres qui soutiennent & revêtent toutes les parties de ces édifices. Le baldaquin du maître-autel de Saint Vital, est porté par quatre grosses colonnes tirées de la Grèce: l'une de ces colonnes paroît être un composé de pierres les plus précieuses, qui, dans ce mélange, n'ont rien perdu de leur nature & de leur éclat.

Cette Eglise appartient aux Bénédictins, dont la maison offre une singularité très-remarquable dans la collection complette de toutes les ressources pour le traitement des maladies de toute espèce, & de tous les expédiens imaginables pour la commodité des malades. Outre une pharmacie bien fournie & un jardin de plantes bien assorti & bien en-

RAVENNE. tretenu, on voit, dans six grandes salles de plein-pied, d'abord un assemblage complet de piéces d'anatomie, puis tous les instrumens jusqu'à présent imaginés pour les diverses opérations de Chirurgie, avec le fil, les aiguilles, les tentes, les bandages convenables à chaque opération ; enfin un magasin de lits, de draps, de matelats, de siéges, d'oreillers : le tout taillé & préparé pour faciliter les soins que demande chaque espèce de maladie, avec le moins d'incommodité possible pour le malade, & le plus d'aisance pour ceux qui les soignent. Ce magasin est distribué dans de grandes armoires d'une belle menuiserie qui lambrissent les six salles ; ce seroit être ennemi de l'humanité, que d'accuser de sensualité & de rafinement des apprêts imaginés par une industrieuse charité. Pour les maladies auxquelles la Médecine prescrit l'équitation, est suspendu, au milieu d'une des salles, un grand Dragon artistement imaginé & exécuté. Ce Dragon prend, au moyen de différens ressorts, tous les mouvemens du cheval. Je vis avec quelque plaisir le Bénédictin qui disoit avoir inventé cette monture, y courir le grand trot; mais j'y vis, avec horreur, une curiosité dont on me fit la lamentable histoire.

Un jeune homme étoit éperduement amoureux d'une jolie fille qui lui étoit promise en mariage. Pendant huit jours qu'il alla passer dans sa famille pour mettre la main aux derniers arrangemens, cette fille tomba malade, mourut, & au retour du jeune homme, elle étoit enterrée depuis trois jours. Imaginant que la vûe de sa maîtresse pourroit apporter quelque remède à son désespoir, il fit ouvrir le caveau où elle avoit été inhumée; & il la vit telle que nous la vîmes là exécutée en cire. Très-belle encore dans le sein de la mort & du tombeau, un lézard lui sûce la bouche, un ver sort du milieu d'une des joues, une souris lui mange l'oreille, enfin un vilain crapaud, établi sur son front, lui dévore un œil. Ce spectacle me parut, au premier coup d'œil, une pieuse imagination, dont l'objet

RAVENNE.

étoit d'inspirer l'horreur de la mort; mais je me suis convaincu depuis de la possibilité du fait.

En effet, toutes les Eglises d'Italie, d'où, pendant bien des siécles, la Religion & ensuite des maisons de santé avoient éloigné les sépultures, ne sont plus aujourd'hui qu'une sépulture continue, divisée par cases de sept pieds de longueur, sur quatre de largeur & cinq de profondeur : chacune de ces cases, séparées par de petits murs très-légers, a pour couvercle une grande tombe de marbre ou de pierre, qui, par ses extrémités, porte sur ces murs. Telle étoit toute la distribution souterraine d'une grande Eglise que les Dominicains faisoient bâtir à Ancône : le sol de cette Eglise ainsi distribué ressembloit exactement à un colombier. Pour placer un mort dans ces dernières demeures, on l'apporte habillé & à visage découvert au bord de la tombe, que l'on entr'ouvre dans sa longueur ; & après avoir rabaissé son voile, si c'est une personne du sexe, ou étendu un mouchoir sur son visage, on le pousse
dans

dans la cafe, où il s'arrange au hafard, & l'on referme la tombe. Or il est très-possible & même très-vrai-semblable que ces lieux soient habités par des animaux qui n'ont pas besoin de grand air. Les tombes ne joignent pas long-temps exactement : les murs légers qui les portent, en s'affaissant inégalement, ouvrent à l'air une infinité de passages.

Dans une des cours du même Monastère, parmi les ronces & les épines, sous un toît qui annonce un chenil, on nous montra une petite Chapelle quarrée, où l'Impératrice Placidie a pris pour sa sépulture toutes les précautions qui pouvoient en écarter les horreurs dont nous venons de voir un triste échantillon. Dans cette Chapelle exactement incrustée d'un beau marbre gris-de-lin, on voit trois grands tombeaux du même marbre, guillochés de très-bon goût & du plus beau fini. Honorius, frère de Placidie, & Valentinien, son fils, occupent deux de ces tombeaux. Dans le troisième, beaucoup plus grand que

Tome I.   Q

RAVENNE.

les deux autres, Placidie elle-même embaumée & revêtue des ornemens Impériaux, étoit assise dans un fauteuil. Quelques Curieux ayant forcé le marbre dans un endroit où le travail de l'Artiste l'avoit le plus affoibli, introduisirent, dans la capacité du tombeau, une lumière à la faveur de laquelle on appercevoit une partie de ce qu'il renfermoit. Une main malhabile ayant depuis tenté la même épreuve, le feu prit aux habits de l'Impératrice, & consuma tout ce qui restoit d'elle.

Hors des murs de Ravenne, au milieu du terrein abandonné par la mer, on voit un autre monument de la même espèce, consacré par la Reine Amalazonte, à Théodoric, son pere. C'est une rotonde de trente pieds de diamètre, partagée en deux étages, dont chacun forme une Chapelle. Le toît de cette rotonde est d'un seul morceau de granite, taillé en coupe renversée, & terminé dans son pourtour par une corniche, des moulures & des naissances de chapiteaux. Du milieu de sa convexité extérieure s'élevoit, sur quatre colonnes, le tombeau de Théodoric, en une seule pierre de porphyre longue de huit pieds, sur quatre de hauteur & de largeur. Ce tombeau couvert de bronze, d'un riche travail, & environné des statues * des douze Apôtres, formoit, de l'Isle où il étoit élevé, un beau point de vûe pour le port de Ravenne & pour les vaisseaux qui y abordoient. La rotonde qui le portoit, éloignée aujourd'hui de la mer de plus d'une lieue, est perdue dans les arbres, dont ce grand attérissement est couvert, & sa Chapelle basse est dans l'eau. J'ai observé que la porte de cette Chapelle, de la plus belle proportion, n'a rien du goût gothique.

Quant au tombeau, il a subsisté dans son premier état, jusqu'à la prise de Ravenne par les François, qui, pour *butiner* le bronze dont il étoit couvert, abattirent le tombeau

---

* Ces statues, enlevées par les Vénitiens, sont aujourd'hui placées sur la grille, qui sépare le Chœur de la Nef dans l'Eglise Patriarchale de Saint Marc de Venise.

Q ij

même, à coups de canon. Tous les Italiens qui ont traité des antiquités de Ravenne ou des guerres d'Italie, se sont abandonnés aux plus vives clameurs, & les gens de Ravenne jettent encore les hauts cris sur la barbarie de cet attentat & de quelques autres que se permirent les François dans l'yvresse de la victoire. Dans mon Exemplaire d'Alberti, la marge de l'endroit où ces faits sont exposés, se trouve chargée de ces deux mots d'une très-vieille écriture, *iniquità de' Francesi*, auxquelles une écriture postérieure a ajouté *sceleraggine*. Ces clameurs d'Ecrivains & de gens très-chatouilleux sur ces objets qui les intéressent vivement, peuvent être pour les Militaires une utile leçon sur le respect qu'ils doivent & à l'antiquité & à la postérité.

Terminons ces remarques sur les anciens édifices de Ravenne, en observant que tous ceux que j'ai vus le cédent en magnificence à l'Eglise de Saint Apollinaire *di Clasce di fuora*, bâtie bien certainement par l'Empereur Justinien. Cet édifice est le seul reste de tous les bâtimens & des maisons qui, sous les Exarques, formoient encore une Ville considérable. Je n'ai point vu cette Eglise; mais les descriptions que j'en ai lues, & celles que l'on m'en a faites, lui assurent cette prééminence.

On conserve précieusement dans celle du Saint Esprit, l'ancien siége pontifical des Archevêques de Ravenne: ce siége ressemble assez à nos chaires à prêcher. On y voit aussi vers la voûte, une petite fenêtre, par où, dit-on, le Saint Esprit, en forme de Pigeon, vint présider à l'élection de onze de ces Archevêques, en se posant sur la tête de celui qu'il désignoit.

Ces Archevêques furent autrefois de très-grands Seigneurs temporels sous les Exarques. Ravenne, Métropole de ce qui restoit à l'Empire en Italie, & ne voyant plus dans Rome qu'un Duché que les Barbares se disputoient, osa joûter avec elle de grandeur & de puissance; elle porta ses prétentions à la primauté hiérarchique, qu'elle regardoit comme une dépendance & un accessoire de la primauté temporelle que Rome ne lui pouvoit disputer. Cette prétention fit naître de grands débats entre les Archevêques & les Papes; mais Pepin & Charlemagne vengèrent ceux-ci, en leur soumettant Ravenne, ainsi que toutes ses dépendances, même quant au temporel.

Cette Ville possede plusieurs bons tableaux de l'Ecole de Bologne, qui ont considérablement souffert de l'humidité des Eglises. On a tiré de celle de Saint Vital, & placé dans la Sacristie, un tableau du Barocci, représentant le martyre de ce Saint, que l'on va jetter dans un puits avec sa femme & ses enfans. Ce sujet neuf, mais ingrat pour la peinture, a été traité par le Barocci d'une manière foible, indécise & un peu confuse. Le Peintre des Vierges & des Anges n'étoit pas le Peintre des Martyrs : cependant on le retrouve là dans une jeune brune, qui, les yeux fixés sur le sujet principal, paroît redoubler de tendresse & d'affection pour un enfant qu'elle allaite & qu'elle serre dans ses bras. Au reste, ce morceau paroît avoir beaucoup souffert & de l'humidité de l'Eglise & des efforts qu'on a faits pour le restaurer.

Les Camaldules ont une *Annonciation* du Guide ; c'est un des plus agréables morceaux de ce grand Maître. L'humidité l'a aussi beaucoup endommagé, mais sans en altérer les principales beautés, que quelque Barbouilleur détruira, en essayant au premier jour de lui redonner sa fleur.

La grande place de Ravenne est un quarré long, terminé à ses deux extrémités, par les statues de deux Papes en regard. L'une en bronze, est d'Alexandre VII. l'autre en marbre blanc, représente Clément XII. Ces deux Papes assis donnent la bénédiction, le premier avec deux doigts, le second à pleine main. Le peuple dit qu'ils jouent à la *Mourre* : jeu très-commun parmi le peuple d'Italie, qui y déploie la vivacité, la prestesse & la finesse qui le distinguent de nos peuples Septentrionaux, pour lesquels ce jeu est une énigme. Les anciens Romains appelloient ce jeu, *micare digitis & ludere par impar.*

RAVENNE. Dans les monumens publics, les Papes font, ainſi qu'à Ravenne, repréſentés aſſis *per la dignità*: poſture d'autant plus ingrate, que les Artiſtes, en modelant ces figures, ſemblent avoir oublié que, deſtinées à être placées ſur des piédeſtaux, elles devoient être vûes de bas en haut. C'eſt en grande partie de ce défaut d'attention, que réſulte l'air entaſſé, court & enſellé de preſque toutes ces ſtatues. Phidias avoit ſçu ſans doute l'éviter dans ſon fameux Jupiter Olympien. Michel-Ange le ſauva dans le Jules II. qu'il fit pour Bologne, en repréſentant debout ce Pape guerrier*.

La Ville de Ravenne a un Collége de Jéſuites & deux Hôpitaux. Ces Hôpitaux ſont d'une propreté qui ſeroit admirée même en Hollande. Les Citoyens de tous les Ordres y vont chercher, dans leurs maladies, les ſoins & les attentions qu'ils ne trouveroient pas chez eux. La penſion des Jéſuites raſſemble un

---

* Peut-être ſe rappella-t-il ce mot de Veſpaſien: *Oportet Imperatorem ſtantem mori.* Sueton.

essain de brillante Jeuneſſe, en qui les graces naïves & ingénues du premier âge ſont animées par cette vivacité d'eſprit, par cette pétulance de caractère que concentre enſuite la réflexion, que maſque le changement total de la phyſionomie, & que l'âge enfouit, ſans les détruire.

Au milieu des reſtes de ſon ancienne ſplendeur, Ravenne n'eſt plus que l'ombre d'un grand nom, *magni nominis umbra.* Elle n'a ni commerce ni manufactures; on y voit très-peu d'Artiſans: une Bourgeoiſie oiſive & noble eſt tout ſon peuple. L'intérêt des Princes de l'Europe, c'eſt-à-dire, la choſe du monde la plus étrangère à cette Bourgeoiſie, eſt ſa plus importante & ſon unique affaire. La grande place où elle ſe raſſemble tous les ſoirs, eſt géométralement partagée entre les Autrichiens & les Pruſſiens, qui forment les deux partis dominans, dont l'un n'empiette jamais ſur le terrein de l'autre. Il ſuffit de traverſer cette place, pour ſçavoir de quel côté panche la balance des avantages: cela ſe peint dans l'air triomphant du parti victorieux, & dans les mines consternées du parti vaincu. Les nouvelles sont attendues là avec plus d'empressement que dans le Cabinet d'aucun Souverain de l'Europe. Alexandre VII. & Clément XII. voyent là former en Eté plus de projets que les Nouvellistes du Luxembourg à Paris n'en font éclore en quatre campagnes. Chaque parti a des Chefs distingués par leur fanatisme politique. Ce sont eux qui authentiquent les nouvelles, qui arrêtent les projets, qui triomphent dans les victoires, & qui portent le faix des revers. Dans les victoires décisives, le parti vaincu ne reparoît sur la place qu'au premier succès qui relève ses espérances; ses Chefs ne se montrent plus en public, & le parti victorieux, maître de toute la grande place, y fait quelquefois éclater sa joie par des fêtes que tolère le Gouvernement. En 1757, à la nouvelle d'un échec reçu en Bohême ou en Silésie par le Roi de Prusse, le parti Autrichien, après un festin solemnel donné chez le Marquis de ***, son Chef, avoit

allumé un feu dans la place : la dé- RAVENNE.
coration de ce feu étoit terminée
par l'écusson des armes de Prusse,
que, pour clore la réjouissance,
l'artifice avoit fait voler en éclats.
Le Chef de ce même parti, déconcerté depuis par la bataille de
Rosback, en avoit gardé la chambre pendant un mois*.

Dans la Tribune d'Athènes, Dé- Philip. I.
mosthène disoit aux Athéniens :
» Cantonnés dans cette place, vous
» vous demandez l'un à l'autre, *que
» dit-on de nouveau?* Eh! que peut-on
» vous apprendre de plus nouveau,
» que ce que vous avez sous les
» yeux ? «

Avant que de quitter Ravenne,
observons qu'en face d'une de ses
plus belles rues, dans laquelle est
appliqué contre le mur, un débris
du superbe tombeau de Théodoric,
on voit un petit Temple ouvert &
séparé de la rue par un simple grillage. Là reposent les restes *del divino
Dante*, qui, banni de sa patrie, vint
s'établir à Ravenne, où il mourut

---
* *Vid. supr.* l'article de FANO.

RAVENNE.

en 1341. Ce monument lui fut consacré par Bembo, pere du fameux Cardinal de ce nom, dans le temps qu'il étoit Provéditeur de Ravenne pour les Vénitiens. On y voit le portrait du Dante, avec cette épitaphe très-connue, mais trop honorable & au Magistrat qui l'a érigé, & au Poëte qui en est l'objet, pour ne pas tenir place ici :

Exiguâ tumuli, Dantes, hic forte jacebas,
   Squallenti nulli cognite pœnè situ.
At nunc marmoreo subnixus conderis arcu
   Omnibus & cultu splendidiore nites.
Nimirùm Bembus Musis incensus Etruscis,
   Hoc tibi quem imprimis hæ coluêre, dedit.

   On lit encore là une épitaphe en hexamètres rimés que terminent ces deux vers :

Hic claudor Dantes patriis extorris ab oris;
Quem genuit pravi Florentia mater amoris.

   Cette scandaleuse imputation sous laquelle on a voulu caractériser Florence, est familière aux Vénitiens à l'égard des Florentins qui leur renvóient l'*eteuf*. Le *và à Firenze* dans la bouche d'un Vénitien, le *và à Venezia* dans la bouche d'un Florentin, eſt ſynonyme à la phraſe uſitée en France parmi la canaille, pour ſe débarraſſer de quelqu'un qui excite ſa colère. On m'a raconté à ce ſujet, qu'un Vénitien & un Florentin, ſortis pour la première fois de leur pays, s'étant rencontrés à Rome, le Vénitien dit au Florentin : *V. S. a mai veduto Venezia ? Signor nò*, répondit le Florentin. *Ah !* pourſuivit le Vénitien, *và à Venezia, e poi mori*. Le Florentin ayant enſuite fait la même demande au Vénitien, à l'égard de Florence, ſur ſa réponſe auſſi négative, il lui répliqua : *và à Firenze, e' ſa ti b*.... Chaque peuple d'Italie eſt ainſi déſigné par diverſes imputations, qui ſont pour la gaieté Italienne une ſource intariſſable de plaiſanteries bonnes ou mauvaiſes, ſuivant la diverſité des eſprits & des goûts.

Pour ſe réconcilier avec les mânes d'un Citoyen illuſtre qu'elle avoit perſécuté pendant ſa vie, Florence a demandé pluſieurs fois la

RAVENNE. permiſſion d'exporter les cendres du Dante; mais les habitans de Ravenne, jaloux de ce dépôt, n'ont point encore permis qu'il ſortît de leurs murs.

Selon Muratori, Ravenne jouiſſoit, ſous l'Empire Romain, du droit de faire battre monnoie. Du Cange cite une Médaille d'Honorius, avec ces lettres ſur l'exergue du revers, R. V. P. S. qu'il explique par *Ravennæ pecunia ſignata*. Il exiſte des monnoies des Rois ſucceſſeurs de Théodoric. On voit, par ces monnoies, qu'Athalaric, Théodat, Vitigès & Baduila conſervoient, au moins quant à cet objet, quelques égards pour la majeſté de l'Empire qu'ils avoient démembré, leſquels égards leur étoient communs avec le Roi de Perſe même. Preſque toutes les monnoies de ces Rois Oſtrogots ont la tête de Juſtinien I. avec ſon nom & ſes titres D. N. P. F. A. & au revers, la tête de quelqu'un de ces Rois, avec le ſimple titre de *Rex*. Les anciennes monnoies des Papes ſont auſſi des monumens du haut Domaine que conſervèrent les Empereurs sur le patrimoine de l'Eglise, même depuis la donation de Charlemagne : monumens d'autant moins équivoques, qu'avec l'image du Prince ils présentent seulement le nom ou le monogramme du Pape sous le Pontificat duquel ils ont été frappés, ou celui de Saint Pierre ou de Saint Paul. Les Rois de France, ne reconnoissant, dès l'origine de la Monarchie, aucune puissance ou autorité temporelle au-dessus de la leur, furent les seuls Souverains en possession de faire battre monnoie en leur nom seul & avec leur seule image *.

---

* *Nummos*, dit Procope, parlant de ces Souverains, *cudunt ex auro Gallico, non Imperatoris*, ut fieri solet, *sed suâ impressos effigie. Monetam quidem argenteam Persarum Rex, arbitratu suo, cudere consuevit : auream verò neque ipsi*, neque alii cuipiam Barbarorum Regi, *quamvis auri Domino, vultu proprio signare non licet.*

FERRARE.

FERRARE n'est éloignée de Ravenne, que de trois postes, c'est-à-dire, de quatorze à quinze lieues, en remontant dans l'intérieur des terres. Tout ce pays fut autrefois une continuité de marais, dont la nature, aidée de l'art, a formé des campagnes à qui rien ne manque quant au physique*; mais les bras destinés à la culture semblent participer de l'éternelle vieillesse du Souverain. Les terreins qui dominent les anciens marais, sont occupés par des Bourgs considérables, dont la plûpart furent autrefois des Villes fortifiées, tels que Bagna-Cavallo, Cotignola, Lugo, Argenta, San-Giorgio.

BAGNA-CAVALLO, anciennement nommé *ad Caballos*, a été illustré par Barthelemi Ramenghi, qui, après la mort du Francia, devint

---

* *Ut quamvis avido parerent arva colono.*

Chef de l'Ecole de Peinture, que, dans le seiziéme siécle, ce Maître avoit formée à Bologne. Ramenghi, plus connu sous le nom de Bagna-Cavallo, d'où il tiroit son origine, fut le rival du Pérugin, l'émule de Raphaël & le maître du fameux Primatice que le Roi François I. attira en France, où il lui donna l'Abbaye de Saint Martin-ès-Aires de Troyes. Le Vasari loue sa *maniera dolce, sicura e unita di disegno, e di colorito:* manière qu'imitèrent & adoptèrent depuis le Guide & l'Albane, sur-tout pour les enfans.

Nous vîmes à Bagna-Cavallo, dans une grande & belle *Villa*, un Palais habité par un Gentilhomme du pays, qui nous fit promener dans un jardin spacieux de plantes étrangères, gouvernées & cultivées par un Jardinier qui nous parut être habile Botaniste.

Cotignola a aussi donné son nom à un Peintre de l'Ecole de Bologne, contemporain du Bagna-Cavallo. Ce lieu autrefois fortifié par le fameux Jean d'Agut, à qui

FERRARE. Grégoire XI. l'avoit donné en fief, pour récompense des services qu'il avoit rendus au Saint Siége, en qualité de Gonfalonier de l'Eglise, est aujourd'hui presque désert. Il fut le berceau d'une Maison qui, comme une comète, brilla d'un éclat presque momentané parmi les Maisons Souveraines de l'Europe : je veux parler des Sforces, Ducs de Milan. Brantôme, d'accord avec les Historiens d'Italie, nous a tracé en peu de mots l'histoire de la fortune aussi prodigieuse que rapide du Chef de cette Maison.

» J'ai oüi, dit ce Plutarque Fran-
» çois, j'ai oüi raconter dans Na-
» ples, que Francisque Sforce, que
» Messire Philippes de Comines dit
» avoir été le fils d'un Cordelier, &
» le loue fort pourtant, étant un
» jeune garçon labourant à la terre,
» voyant passer des Soldats bien en
» point, bien armez & en bonne
» façon, telle vûe luy plut. Il entre
» en tentation, & se fantastique sou-
» dain de leur ressembler & se faire
» Soldat comme eux, & quitter son
» méchanique mestier. Parquoi pre-

» nant fa pioche ou *zappa*, comme
» dit le Napolitain, il la jetta fur un
» arbre, en difant : va, fi tu y de-
» meures & t'y accroches, & ne re-
» tournes vers moi, je ne te repren-
» drai jamais plus, & en ton lieu je
» prends les armes. La fortune ou
» fon deftin voulut qu'elle y demeu-
» rât accrochée ; parquoi, fuivant ce
» préfage, prend les armes, fe fait
» Soldat, & fe rend le plus grand &
» plus renommé Capitaine qui ait
» été en la Chrétienté depuis trois
» mille ans, ayant faits de fi beaux
» exploits, que de lui, & par lui, fes
» enfans & neveux ont été grands,
» comme on les a vus, & venus à
» être Ducs de Milan. « Brantôme
ignoroit, ou il avoit oublié que la
grandeur naiffante de cette Maifon
fut foutenue, non par les enfans de
ce premier Sforce, mais par un bâ-
tard, en qui pafferent toutes fes vertus guerrières.

Nous trouvâmes à LUGO une
foire, qui, fous une halle très-vafte,
raffembloit tous les Marchands cou-
reurs de la Romagne, du pays Vé-

FERRARE.

nitien & d'une partie de la Lombardie. Pour y faire aussi quelque affaire, j'y changeai assez avantageusement des louis d'or de France que j'avois en espèces. Des Libraires suivent toutes ces foires : usage qui n'a point encore passé en France. Les Libraires François seroient-ils moins avides de gain, que les Libraires d'Italie, ou le goût des Livres & de la lecture seroit-il plus généralement répandu en Italie, qu'en France ? Lugo occupoit autrefois le centre d'une forêt qui, dans cette partie de la Romagne, couvroit tout le terrein qui n'étoit pas en marais.

SAN-GIORGIO, que le Pô sépare de Ferrare, fut le berceau de cette dernière Ville. Quelque révolution dont on n'a point l'époque certaine, ayant obligé les habitans de Ferrariola, dont Saint Georges étoit le Patron, à mettre le Pô entr'eux & un ennemi maître de la Romagne, ils se jettèrent dans ces marais alors impraticables, d'où Ferrare & son territoire sont depuis sortis.

Quelques Historiens pensent qu'Attila fut cet ennemi.

Le Pô qui coule au Midi & au Levant de Ferrare, est le premier des bras par où ce fleuve se jette dans la mer Adriatique à Porto-Primaro, quelques lieues au-dessous de Ravenne. Les Romains avoient tiré de ce bras un canal, que Pline appelle *fossa Marsanicia* ou *Mauriciana*. Ce canal qui laissoit à la gauche le lac de Commachio, alloit jusqu'à Modene, en passant par Ravenne. Il est aujourd'hui sans eau dans sa plus grande partie.

L'embouchure de ce bras du Pô fut très-célèbre dans l'antiquité, par la Ville de Spina, que les anciens Pélasges y avoient bâtie. Dans les premiers siécles de sa fondation, cette Ville, la Tyr & la Venise de ces parages, avoit envoyé au Temple de Delphes des offrandes dont la richesse & le goût étoient encore des objets d'admiration dans les plus beaux siécles de la Grèce & de Rome. La mer, au milieu de laquelle elle étoit située, l'abandonna insensiblement, ensorte que, du temps de

Dyon. Halic. L. I.
Strab. L. 5.
Plin. L. 3. c. 15.

Strabon, elle en étoit déja éloignée de quatre-vingts-dix ſtades, c'eſt-à-dire, d'environ trois lieues de France ou douze milles d'Italie. Il ne reſte plus de veſtiges de cette Ville. Si, depuis le ſiécle où vivoit Strabon, la mer a continué à s'en éloigner dans la proportion progreſſive de l'attériſſement qu'elle a formé à cette côte, il faudroit aujourd'hui chercher les reſtes de Spina à cinq ou ſix lieues dans les terres.

FERRARE plus vaſte, mieux bâtie, mieux alignée, & encore plus déſerte que Ravenne, renferme dans un circuit de plus d'une lieue, environ quatre mille habitans, dont la garniſon, la ſuite du Légat, le Clergé ſéculier & régulier forment preſque la totalité. J'y vis M. le Marquis Bévilaqua, d'une des premières & des plus anciennes Maiſons du Ferrarois. Ce Seigneur entièrement livré aux hautes Sciences, ne ſe délaſſe de cette étude, que par des expériences de Phyſique. Il a une Collection auſſi complette que brillante de machines propres à ces expériences, & un laboratoire où ces machines font fabriquées sous fes yeux, & quelquefois de fes propres mains.

Je vis auffi en cette Ville, M. le Marquis Palavicini, qui s'eft long-temps diftingué au fervice de l'Impératrice-Reine, où il étoit monté au grade de Weldt-Maréchal. Il eft fixé à Ferrare, par l'acquifition qu'il venoit d'y faire de ce qui reftoit à la Maifon d'Eft, des biens allodiaux que Clement VIII. en la dépouillant de Ferrare, avoit bien voulu lui laiffer. Ces biens, qu'elle avoit confervés jufqu'à nos jours, confiftent en plufieurs belles terres inhabitées & fans culture. M. Palavicini fe propofoit de les remettre en valeur, en y attirant des colonies d'Allemands.

Depuis que l'Empereur eft maître de la Tofcane, il avoit formé & effectué un pareil projet pour le défrichement des landes qui fe trouvent entre Pife & Livourne ; mais cela avoit été exécuté de manière à ne pas réuffir. On avoit jetté au milieu des landes à défricher, ces malheureux colons, sans leur avoir préparé d'abri contre les injures de l'air, sans leur procurer la nourriture dont ils avoient besoin, jusqu'à ce qu'ils eussent commencé à tirer parti du terrein qu'ils avoient à cultiver, sans leur fournir l'attirail nécessaire pour le mettre en valeur*, & cette colonie périt de misere en deux hyvers.

Cette même négligence a ruiné, dit-on, les Colonies Françoises de Madagascar, du Mississipi**, &c.

---

* *Ergò ægrè terram rastris rimantur & ipsis Unguibus.....*

** Le Duc de Sully écrivant au Président Jeannin, dans le cours de la fameuse négociation qui fixa l'état des Provinces-Unies, approuve le dessein de se joindre aux Hollandois pour attaquer les Espagnols dans les Indes Orientales & Occidentales, » sans » néanmoins, ajoute-t-il, devoir prétendre » pour nous la conservation & possession de » telles conquêtes, comme trop éloignées » de nous, & par conséquent disproportion- » nées au naturel & à la cervelle des Fran- » çois, que je reconnois, à mon grand re- » gret, n'avoir ni la persévérance ni la pré- » voyance requises pour telles choses. Ils ne

Mais M. le Marquis Palavicini se proposoit au contraire d'imiter les attentions des Anglois dans ces établissemens : il ne craignoit que l'avenir & les influences de l'air d'Italie & de l'exemple des Naturels, sur la troisiéme ou quatriéme génération de ses Allemands, qui voudroient aussi jouir des droits & des priviléges de Papimanie :

>Ce bon pays où les gens sont heureux.
>Le vrai dormir ne fut fait que pour eux...
>*Nous l'avons vu* ce pays où l'on dort :
>On y fait plus, on n'y fait nulle chose.

Le goût décidé de ces Papimanes pour l'inaction, a son fondement dans l'état des biens du pays, tous

_____

» portent ordinairement leur vigueur, leur
» esprit, leur courage, qu'à la conservation
» de ce qui les touche de proche en proche,
» & leur est incessamment présent devant les
» yeux, comme les expériences du passé ne
» l'ont que trop fait connoître. Tellement
» que les choses qui demeurent séparées de
» notre corps, par des terres ou des mers
» étrangères, ne nous seront jamais qu'à
» grande charge & à peu d'utilité. « Cette
Lettre est sous la date du 26 Février 1608.

FERRARE.

affectés ou à des Bénéficiers, dont le luxe est en partie entretenu par les aumônes, ou à des établissemens trop multipliés pour tous les besoins de l'humanité. La fainéantise régneroit avec le même empire dans tout pays où les mêmes ressources lui seroient assurées. La nature du Gouvernement y influe aussi ; ne fût-ce que par l'assiette des impôts, qui, loin de présenter des aiguillons à l'industrie, ne peuvent que l'étouffer dans tous les objets auxquels elle pourroit s'accrocher.

Ces considérations furent la matière d'une ample conversation que j'eus, au milieu de la vaste solitude des rues de Ferrare, avec un Abbé-Comte d'une illustre Maison de cette Ville, lequel voulut bien m'en faire les honneurs. Cet Abbé, homme très-aimable & fort instruit, pensoit comme la Fontaine lui-même, sur la félicité de ce *bon pays* : il la démontroit par tous les petits inconvéniens qu'entraîne tout autre système de Gouvernement. Enfin, forcé dans tous ses retranchemens, il réduisit le bonheur des terres Papales, à ce que, disoit-il, on ne vient point violer nos filles, ni enlever nos femmes. Je ne pouvois terminer plus poliment cette conversation, que par la plaisanterie qui naissoit tout naturellement d'une observation de cette espèce dans la bouche d'un Abbé. Il se prêta de la meilleure grace à cette plaisanterie, qu'il réveilla & remit lui-même sur le tapis dans une maison où nous passâmes la soirée.

En un mot, si Ferrare n'avoit pas le Légat & la Garnison qui y répandent quelque argent, le peu d'habitans qui lui reste s'écouleroit comme l'eau d'un étang dont la digue est rompue : tout son commerce, réduit à un détail très-exigu, est renfermé dans le *Ghetto*.

Cette Ville cependant, & les Etats dont elle est la Capitale, furent une fourmillière d'hommes sous la domination de la Maison d'Est, & sur-tout sous celle des derniers Souverains de cette Maison, qui soutinrent avec éclat l'honneur de l'alliance qu'Hercule II. avoit contractée avec la France, par son mariage avec la Princesse Renée, fille de Louis XII.

» Tous deux, dit Brantôme, très-
» braves & très-vaillans Princes,
» très-bons Partisans François, &
» qui n'ont jamais failly aux obliga-
» tions qu'ils avoient à nos Roys,
» ny ce grand Cardinal de Ferrare,
» ny ce magnifique Cardinal d'Est
» non plus : si-bien que je puis dire
» que j'ai vu ces grands Personna-
» ges meilleurs François cent fois
» que plusieurs de la Nation même;
» & toujours ont admonesté Mes-
» sieurs de Guyse, leurs neveux,
» d'estre serviteurs de leurs Roys.
» Bref, ils ont été vrays petits-fils
» du bon Roy Louis XII.

» Le Duc de Ferrare d'aujour-
» d'hui * se comporte avec ses Su-
» jets aussi doucement que Prince
» de la Chrétienté, les véxant le
» moins, & ne tirant d'eux, sinon
» ce qui lui est deu : aussi est-il aymé
» de son Peuple, comme le Roy
» Louis son grand-pere; & aussi son
» bien lui profite à veuë d'œil, car

---

* Alphonse II, dernier Duc de Ferrare.

» il se peut dire le plus pécunieux
» Prince de la Chrétienté. «

FERRARE.

On trouve dans le même Auteur le détail des services que cette Maison rendit à la France, soit par les hauts faits d'armes de ses Princes, soit par la magnificence & la hauteur avec lesquels le Cardinal Hyppolite d'Est soutint dans différentes occasions le nom François à Rome : *ne voulant pour rien du monde qu'aucun Cardinal Espagnol ou Italien surpassât en grandeur, ni en chose quelconque, un Cardinal François.*

La réunion de Ferrare & de ses dépendances au Saint Siége, est peut-être le plus grand coup que la Cour de Rome ait jamais frappé à découvert & *al dispetto* de toutes les Puissances d'Italie, que le Cardinal d'Ossat * supposoit aussi échauffées qu'intéressées à empêcher cette réunion. Le succès en fut déterminé par la mort du Roi d'Espagne Philippe II. par la facilité de Henri IV. Roi de France, à entrer dans les vûes de Clément VIII. & par la foi-

---

* Voyez ses Lettres sous l'année 1537.

FERRARE.

blesse en tout sens de l'héritier présomptif. Les Jésuites servirent très-utilement les Aldobrandins, & aidèrent aux circonstances, par les négociations qu'ils lièrent à Madrid, à Paris & à Ferrare. Ce n'est que sur de bonnes preuves qu'il seroit permis de présumer que les sommes considérables que les Valois devoient encore à la Maison d'Est, étoient entrées pour quelque chose dans le parti que prit Henri IV. sur cette grande affaire.

Ferrare déja fort puissante, avant qu'elle obéît à la Maison d'Est, avoit fait une longue & cruelle épreuve des maux qu'entraîne l'anarchie ; elle gagna beaucoup, en perdant sa liberté *.

---

* L'Auteur d'une Chronique du treiziéme siécle peint son premier état en ces termes: *Collisi sunt cives Ferrariæ alterutrum, nunc rebus malè secundis, nunc adversis. Audivi à majoribus natu, quod in quadraginta annorum curriculo altera pars alteram decies è civitate extruserat, &c. Accepi puer à genitore meo, hiberno tempore confabulante mecum in lare, quod viderat in civitate Ferrariæ turres altas 32, quas mox vidit prosterni ac dirui.*

On trouve le détail de ces révolutions intestines dans la cinquante-quatriéme Dissertation de Muratori. La Maison d'Est dut le commencement de sa grandeur à l'une de ces révolutions que je vais rapporter ici en peu de mots.

Vers le milieu du douziéme siécle, la Ville de Ferrare étoit presque exactement partagée entre les Gibelins & les Guelphes. Ces deux partis avoient pour Chefs, l'un, le vieux Salinguerra; l'autre, Guillaume de la Marchesella. Ce dernier mourut en 1190, n'ayant qu'une fille pour héritière. De l'avis des meilleures têtes des deux partis, cette héritière, en épousant le jeune Salinguerra, devoit réunir toute la Ville sous un seul Chef, & y ramener le calme & la paix que l'intérêt des Chefs en avoit jusqu'alors éloignés. Mais les Guelphes de Ravenne étant venus enlever la future à main armée, la marièrent à un homme de la Maison d'Est, qui, devenu le Chef du parti qu'avoit tenu son beau-pere, fit, par ce mariage, entrer dans sa famille de riches & nombreuses pos-

FERRARE. seſſions, & enfin la Souveraineté de Ferrare.

Ainſi, dans tous les temps, le fanatiſme, ſoit politique, ſoit religieux, n'a abouti qu'à établir la fortune des Chefs, à étendre & ſervir leurs vûes, à fonder la grandeur de leurs Maiſons aux dépens du ſang & des biens des Marionnettes qu'ils faiſoient jouer. Il n'eſt point de ſiécles, d'Etat, de Ville qui ne puiſſe, en petit ou en grand, fournir de ces exemples; ils ſeroient, pour la ſuite, un contrepoiſon à l'eſprit de parti, ſi les dupes qu'entraîne ordinairement cet eſprit, ſe gouvernoient par l'exemple & par la réflexion.

Les troubles & les expulſions réciproques, mentionnées en la Chronique dont je viens de rapporter les termes, furent les fruits de ce mariage & de la rivalité de deux partis irréconciliables, en faveur de qui la fortune panchoit alternativement. Tel fut l'état de Ferrare pendant cinquante années. Gémiſſant ſur ces factions qui, dans le même temps déchiroient preſque toutes les Villes d'Italie, le D'ante difoit dans fon Purgatoire: *Les malheureufes Villes d'Italie fourmillent de Tyrans; Tout Ruftre devenu Chef de brigands eft un Marcellus* *.

On voit dans la grande place de Ferrare, les ftatues en bronze de deux des anciens Souverains de cet Etat; l'une équeftre, l'autre pédeftre. L'équeftre n'eft pas plus merveilleufe que celle que l'on voit dans la nef de l'Eglife de Notre-Dame de Paris; la pédeftre femble repréfenter un Savetier dans fa boutique. Les Arts étoient encore alors dans leur enfance, d'où les defcendans de ces Souverains fi mal repréfentés, n'ont pas peu contribué à les tirer.

Dans la difpofition de fes rues & de fes places, dans fes édifices particuliers, publics & facrés, Ferrare préfente encore d'illuftres monumens de la magnificence de la Mai-

---

* *Le Città d'Italia tutte piene Son di Tiranni, ed un Marcel diventa: Ogni Villan che parteggiando viene.*

FERRARE.

son d'Est *, & du goût que son exemple & ses encouragemens y avoient répandu. Les sçavantes recherches de Cyntio Giraldi & de Célio Calcagnini, deux des plus illustres Littérateurs du seiziéme siécle, sont des fruits de la protection que cette Maison accordoit aux Lettres & à ceux de ses Sujets qui les cultivoient avec quelque distinction. Enfin on trouve, dans le fameux Poëme de l'Arioste, un échantillon, pour ainsi dire, du ton d'une Cour, qui, pour me servir des termes de Brantôme, *étoit alors la gracieuseté, gentillesse & courtoisie du monde* **. L'Eglise des Bénédictins posséde le tombeau de ce Poëte, s'il en fût jamais.

---

* Elle en dût la plus grande partie à Hercule I.

La fara con mura e fossa
Meglio capace à Cittadini sui ;
E la decoro di templi, e di palagi,
Di piazze, di teatri, e di mille agi.
　　　　　Ariost. Cant. III.

** Voyez la Vie de Madame Renée.

Son buste, de grandeur naturelle, en marbre blanc, est la principale piéce du tombeau qui lui a été érigé par Agostino Musti, l'un de ses amis & compatriotes. Ses cendres ont été transférées là du cloître de la même maison où il avoit été inhumé d'abord. On avoit placé dans le premier lieu de sa sépulture, un Sonnet qui mérite d'être conservé, & par respect pour la mémoire à laquelle il étoit consacré, & parce qu'il me paroît mériter d'être tiré de la foule des compositions en ce genre, dont toutes les parties de l'Italie sont malheureusement infectées :

Qui giáce l'Ariosto : Arabi odori
Spiegate, o Aure, à questa Tomba intorno ;
Tomba ben degna d'immortali honori ;
Ma troppo à sì grand alma humil soggiorno.

Ossa felici, voi d'incensi e di fiori
Habbiate il busto qu'hor cinto e adorno ;
E da li Esperi liti, e da li Eoi
Vengan mille bell' alme à veder voi.

Qui giáce quel che cantò il seme di Rug-
      gieros :

Fermate passi al suo Sepolcro avante:
Dite; v, e pur, in parte direte il vero.

Che n' quanto e sotto al grand peso d' At-
    lante,
Non fù di Cintio al sacro regno
Spirto più bel, ne più sublime ingegno.

Aux personnes illustres dont Ferrare s'honore d'avoir donné la naissance, il faut encore ajouter le fameux Savonarole, le Cardinal Bentivoglio, & le P. Riccioli, célèbre Astronome & Mathématicien. La Cathédrale de Ferrare entièrement *remodernée*, & les Palais de l'Archevêque à la Ville & à la campagne, sont des ouvrages du Cardinal Rufo, mort de nos jours Doyen du Sacré Collége. Ce que Ferrare perd tous les jours de sa grandeur *in sostanza*, par la diminution de ses habitans, est compensé, autant qu'il peut l'être, par une grandeur *in apparenza*, que ce Cardinal lui a assurée, en lui procurant le titre d'Archevêché.

Cette Ville eut autrefois une École de Peinture, dont elle conserve de précieux monumens dans les ouvrages des Doſſi, de Scarſellini, de Bonnoni, & de quelques autres Peintres, dont l'Abbé Barufaldi, Ferrarois, & Archiprêtre de Cento, a donné l'Hiſtoire au Public.

Le ton de cette Ecole m'a paru, autant que je ſuis capable d'en juger, un heureux mélange du goût Vénitien & de celui des Carraches. Quelques Egliſes, telles que celles de Saint François & de Sainte Marie des Anges, ſont comme des Académies qui réuniſſent les ouvrages des Peintres Ferrarois, entaſſés & confondus avec des morceaux des Carraches, du Guerchin, &c. dont ils ſoutiennent très-bien le voiſinage. L'Egliſe des Bénédictins a dans la première Chapelle à gauche, un Saint Jérôme qui fixa mes regards, & auquel je revins pluſieurs fois avec un nouveau plaiſir. Il eſt peu de tableaux qui réuniſſent d'une manière auſſi piquante, toutes les parties de la peinture & leurs plus heureux effets.

Aucun de nos prédéceſſeurs dans

FERRARE.

le voyage d'Italie, n'a oublié la vie de Jesus-Christ, distribuée en plusieurs tableaux qui ornent les Chapelles de l'Eglise des Chartreux. Ces morceaux, qui paroissent être tous de la même main, ont moins l'air de tableaux, que d'enluminures jettées sur un fond d'empois; c'est sans doute l'ouvrage de quelques Peres de la Maison.

A ce sujet, qu'il me soit permis de témoigner quelques regrets sur ce que la peinture & le dessein n'entrent pas communément dans les travaux d'amusement que la Régle de Saint Bruno permet à ceux qui l'ont embrassée. Des Estampes du meilleur choix décorent les cellules des Religieux assujettis à cette Régle : leurs maisons les plus considérables possedent des tableaux des premiers Maîtres ; la Bible, qu'ils ont sans cesse sous les yeux, & qui fait l'objet le plus familier de leurs méditations, est une source inépuisable de sujets pour le crayon & pour le pinceau; l'attrait pour l'imitation, qui est dans la nature de l'homme, tout semble concourir à former chez les Chartreux le fond d'une École, où les idées concentrées par la solitude, seroient à l'abri de tous objets de distraction; où libres enfin de ce malheureux esclavage qu'imposent les Maîtres & les Patrons à la mode, ils pourroient prendre cet essor qui produit les chefs-d'œuvre. On craint sans doute que ce travail, que l'on ne permettroit que comme amusement, ne dégénérât en occupation; mais cette crainte chimérique, dans un genre de vie où le vuide de la tête est un danger toujours présent, & le plus grand danger que l'on ait à combattre, ne peut au moins avoir lieu pour les simples Religieux.

Pour ne plus revenir à Ferrare, je vais dire ici un mot d'une petite avanie que nous y essuyâmes en y repassant, pour aller de Venise à Rome.

Nous étions arrivés à Ferrare en poste, nous en étions ensuite partis pour Venise par eau, & nous étions revenus de Venise à Ferrare par la même voie. Notre chaise étoit restée à Ferrare, où nous avions fait avec le Maître de poste qui tenoit notre auberge, un *patto* pour le loyer d'une remise pendant notre absence. Quelques jours avant notre retour, étoit arrivé à Ferrare un nouveau Légat, avec beaucoup d'équipages traînés par des chevaux de louage, dont les Maîtres cherchoient des retours pour Rome. Un de ces Maîtres nous offrit des chevaux pour notre chaise; & après avoir balancé un ou deux jours, nous avions enfin fait avec lui un marché dont nous nous repentîmes depuis, eu égard & aux incommodités que notre conducteur nous ménagea dans toute la route, & au prix même, qui, tout compté, excédoit celui de la poste. Il s'agissoit de partir pour Rome: nos malles étoient placées, le compte de l'auberge terminé, & les chevaux à la porte, lorsque le *Stalière* vint à notre appartement, nous avertir qu'outre la somme convenue pour la remise de notre chaise, il falloit encore payer trois fois la poste que nous n'avions point courue; & cela, par la raison qu'étant arrivés à Ferrare en poste, nous n'avions pu nous servir que de la même voie pour aller à Venise, pour en revenir, & enfin pour quitter Ferrare. Cette prétention étoit fondée sur ce que, dans les Etats du Pape, ainsi que dans presque tous les Etats d'Italie, les Voyageurs arrivant dans une Ville par la poste, & en partant sans y avoir passé deux jours, sont obligés ou de prendre la poste, ou de la payer, s'ils choisissent quelque autre commodité. J'arrivai au milieu de la discussion occasionnée par cette exaction. Je représentai qu'ayant séjourné huit jours à Ferrare, & y ayant laissé notre chaise pendant un mois que nous avions passé à Venise, nous étions hors de la régle des vingt-quatre heures; enfin croyant donner plus qu'on ne pouvoit exiger, j'offris de payer une fois la poste.

Mais l'avanie qu'on nous vouloit faire, étoit arrangée, & l'on eut aussi peu d'égard à mes offres, qu'à mes représentations. Je passai au Palais, où je me flattois d'obtenir justice. Le premier Bureau où je m'adressai, étoit celui du Secrétaire du Légat, jeune homme très-vif & très-poli. Il entendit mon affaire en deux mots, plaignit le sort des Voyageurs, & me fit espérer bonne & prompte justice. Le Légat que je vis ensuite, me renvoya à son Auditeur, pardevant lequel passoient ces petits détails. Ce Monsieur l'Auditeur étoit à son Bureau, occupé d'une affaire dont j'attendis la fin. Il me regardoit de temps en temps *con l'occhio del Canone*, & ses regards sinistres m'annonçoient d'avance sa décision. Il vint ensuite à moi avec l'air & le ton d'un Procureur vis-à-vis un Plaideur ruiné, & me prenant pour un François: *Voi Francesi*, me dit-il brutalement, *v' imaginate che tutto il mondo sia il vostro schiavo.* Alors sortit de son cabinet le Maître de poste. Cette apparition me dispensa d'entrer dans le détail du fait & des moyens. En un mot, dis-je à l'Auditeur, je viens vous demander justice sur une avanie que ce galant homme veut nous faire, & qu'il vous a sans doute exposée: Lui payerons-nous trois fois la poste, ou la payerons-nous vingt? *Tre,* répartit-il, *ò che la sedia resti.* Je jettai alors trois sequins sur le Bureau, en disant que l'excédent seroit pour *la buona mancia* ; & nous partîmes, en nous rappellant ce temps célébré par Brantôme, où Ferrare étoit *la gracieuseté, gentillesse & courtoisie du monde, sur-tout pour les François.*

Cela nous avoit été rappellé à chaque instant de notre séjour à Ferrare, par le pere de l'Aubergiste & Maître de poste, lequel étoit un vieillard septuagénaire, impotent, & qui gardoit continuellement le coin du feu. Ce maussade vieillard honoroit les François de la plus belle haine dont un Italien soit capable envers son plus mortel ennemi. S'agissoit-il de nous ou de nos domestiques, nous voyoit-il approcher de lui, nous sentoit-il, sa fureur s'allumoit ; il nous prodiguoit les épithetes les plus injurieuses ; il nous souhaitoit *la rabbia, il cancaro, &c.* & cette litanie, dont nous prîmes le parti de nous amuser, recommençoit à tous les quarts-d'heure. Comme à quelque chose malheur

FERRARE.

est bon, cela m'avoit préparé à la réception de l'Auditeur.

Ces détails paroîtront peut-être frivoles & superflus; mais, outre qu'ils ne sont pas inutiles à l'instruction des Voyageurs, ils pourront compenser le trop grand sérieux d'autres articles.

J'ai déja peut-être trop dit que nous allâmes de Ferrare à Venise par eau. Un gros Bateau ou Coche nous conduisit à trois milles de Ferrare, par un canal qui lie le premier bras du Pô au lit principal de ce fleuve. On nous jetta là dans une grande Barque ou Galiote déja presque remplie de marchandises & de passagers ramassés des bords du grand Pô. Il y avoit des Juifs de Mantoue, des Cordeliers de Véronne, des Peres Italiens de l'Ordre de Saint Lazare, qui alloient tenter à Venise l'établissement d'une Maison de leur Ordre. Chacune de ces Troupes vivoit à part, & mettoit la nappe à différentes heures.

Je méritai l'attention des Juifs; leur prédilection pour moi étoit marquée par leurs instances, pour m'engager à goûter de petites pâtisseries de leur façon, & d'un excellent vin *brusco*, qui faisoit partie de leur cargaison. Je cédois à ces instances, pour le bien de la société qu'animoit cette commensalité. Il fut même résolu, pour le même bien, que l'on insinueroit à mes nouveaux amis que j'étois un Rabin voyageant *incognito*. Je n'avois pour vêtement qu'une mauvaise rédingotte, qui m'avoit sans doute attiré leur attention & mérité leur amitié. Il y avoit tout à espérer de cette plaisanterie, qui prit mal auprès des Cordeliers: *Ces gens-là*, dirent ces Révérends Peres, *sont nos esclaves; & il ne convient pas à des Maîtres de converser, encore moins de plaisanter avec leurs esclaves.* Voulant au moins tirer parti des Lazaristes, qui, pleins de leur projet, gardoient leur canton sans dire mot, je leur représentai combien cette occasion étoit favorable pour jetter aux Juifs quelque mot d'édification, & essayer leur conversion: *Doumine*, me répondirent-ils, *non soumous hîc pro hoc*.

Ayant passé la nuit assez mal à

l'aife dans cette voiture, l'aurore & le lever du Soleil nous offrirent le plus grand spectacle que l'imagination puisse se former : nous débouchions alors du Pô dans la mer, à la hauteur de Loréo. Vers Malamocco, d'où l'on découvre Venise, nous fûmes visités & fouillés par les Commis de la Douane. Ces Commis sont des Barcaroles, gens robustes & sous les habits de leur premier état. Ils visitent aussi silencieusement que rigoureusement, en sondant avec de longs stilets les ballots & les coffres qui ne peuvent commodément être ouverts. Je remarquai que dans cette visite, leur attention ne se portoit pas moins sur les physionomies des passagers, que sur les hardes & les marchandises. Nous entrâmes dans le grand canal de Venise le 29 Juillet 1758, vers les sept heures du soir.

Fin du premier Volume.

www.ingramcontent.com/pod-product-compliance
Lightning Source LLC
Chambersburg PA
CBHW060543230426
43670CB00011B/1670